Christoph Wagner-Trenkwitz

Nochmal Schwan gehabt

Inhalt

Vorwort 9

NOCHMAL DAS THEATER MIT DER OPER
Anekdoten aus dem geliebten Irrenhaus
und Umgebung 17

NOCHMAL OPERNBALL
... und andere Streiche mit Karl Hohenlohe 65

NOCHMAL SCHÜTTELFREUDEN
... großteils von Vater und Sohn Grümm 106

NOCHMAL IN DIE HÖLLE
... oder: Das unterirdischste Theater der Welt 121

PARIS ERLEBEN
... oder: Was macht ein Dramaturg eigentlich (mit)? ... 147

DIE HOFBURG BRENNT!
... und andere Texte aus der Vergangenheit 175

DIE MEISTEN KOMPONISTEN LEBEN ERST, WENN SIE TOT SIND
Musikerziehung in Missouri 223

ABENTEUER IN HAAG
 … mit und ohne Nia 228

WILLKOMMEN IM MISTKISTL
 Autobiografische Splitter und andere Trümmer 259

EIN LÖBLICHES NACHWORT
 von Michael Niavarani 281

Namenregister.................................... 287
Bildnachweis..................................... 293

Für Shifra und Jerry Rosen

You have not lived today until you have done something for someone who can never repay you.
John Bunyan

Wenn ich an neuen Witz hier mache,
hör'n sich ihn gern die Leute an.
Der Bloch erzählt dem Kraus die Sache,
der sagt's dem Rosenfeld sodann.
Und wenn ich nachts im Gasthaus sitze,
da kommt zu mir der Rosenfeld,
erzählt mir meine eig'nen Witze,
so dreht sich alles auf der Welt.
Louis Taufstein

Vorwort

Nebenstehende literarische Perle kennen Sie vielleicht aus dem Munde von Armin Berg. Er sang diesen und andere Texte so gut, dass man ihn augenblicklich als Autor vermutete. Aber nein: Louis Taufstein – trotz seines sehr christlich anmutenden Namens fühlte er sich dieser Religion übrigens nicht zugehörig – ist der Schöpfer der Worte, Arthur Werau jener der Musik, und alle miteinander wussten die Herren natürlich genau, wie es sich mit »neuen« Witzen verhält: Sie werden, wenn sie gut sind, sofort gestohlen und weitererzählt. In unseren Herzen erlangen sie einen festen Platz, sobald eine Patina samt tiefen Gebrauchsspuren sie überzieht. Wenn ich also nach *Schon geht der nächste Schwan* und *Schwan drüber* ein weiteres Mal den weißgefiederten Anekdoten-Transporter sattle, dann tue ich dies in dem festen Bewusstsein, meiner geschätzten Leserschaft überhaupt nichts Neues berichten zu können. Nur Altbewährtes, vielleicht neu Kombiniertes und viel eigenhändig Gestohlenes wird dieser Band enthalten.

Bei Leseaufenthalten in Oberösterreich wurde mir eine Wortbedeutung mitgeteilt, die ich überhaupt nicht gekannt hatte, die aber sehr gut zu meinen gesammelten Schwänen passt: »Schwanern« heißt im lokalen Dialekt nämlich so viel wie »flunkern«, »überhöht schildern«. Liebe Oberösterreicherinnen und Oberösterreicher, vielen Dank – genau das tue ich hier!

Sie erinnern sich vielleicht: Beim *Schwan* Numero zwei hatte ich eine Überfülle von Anekdötchen angesammelt und rang in

Haben Sie schon einmal mit Sigrid Hauser ein Duett gesungen? Nein? Das ist etwas Herrliches.

der Vorbemerkung zum Buch um einen Titel. Diesmal war es umgekehrt. Noch vor Erscheinen von *Schwan drüber* rief mich die multitalentierte Sing-Komödiantin Sigrid Hauser an und meinte, es tue ihr furchtbar leid, sie könne wegen eines Auslandsengagements nicht zur Präsentation kommen. Dabei sei der Titel doch so vielversprechend: *Nochmal Schwan gehabt!* Ich pflichtete ihr bei, der Titel sei wirklich großartig, sei es aber nicht. Also beschlossen Sigrid und ich sofort telefonisch, ich müsse irgendwann einmal ein Buch dieses Namens schreiben. Somit hatte ich einen wunderbaren Namen für einen (letzten) Fortsetzungsband und kein Material dazu, aber die moralische Verpflichtung, solches zu sammeln. Wie war das zum Beispiel bei Leo Tolstoi? Ist ihm auch zuerst der knackige Titel *Krieg und Frieden* eingefallen und dann erst der Rest?

Da Sie, meine Verehrten, nun ein richtiges Buch in Händen halten, können Sie daraus schließen, dass ich brav gesammelt habe.

Warum?

Mein Motiv war jedenfalls nicht, die Welt zu verbessern – das wird auch dieses Buch nicht schaffen. Schon der letzte *Schwan* ist in seinen zaghaften Bemühungen um Sprachsäuberung gescheitert: Die Menschheit sagt immer noch »im Endeffekt«, obwohl es diesen nicht gibt; sie sagt »am Weg« und »am Gipfel«, wenn sie »auf« denselben meint. Auch wenn ich das schöne Wort Triumph so buchstabiert lese, dass es sich auf Schlumpf reimt, nämlich »Triumpf«, stört das mich allein, und ich kann das Gestörtsein nicht in die Welt streuen. Aber halt! Ich habe zumindest ein paar Leidensgenossinnen und -genossen, nämlich Guido Tartarotti und seine Anhängerschaft; ich genieße es, wenn er seine sprachliche Gänselhaut angesichts von Formulierungen wie »nicht wegzudenken« in lustige Kolumnen ergießt (und vielleicht sind ihm diese Zeilen auch ein paar Zeilen wert – ich wäre geehrt –, denn eine Gänselhaut kann man eigentlich nicht ergießen). Wenn es Tartarotti nicht gäbe, man müsste ihn herdenken.

Schwinge ich mich neuerlich in autorische Höhen auf, um mein unerschöpfliches Wissen zu demonstrieren? Im Gegenteil. Oft, ja immer öfter sprechen mich Hilfe suchende Menschen an und gebrauchen dabei die Eröffnungsfloskel: »Sie wissen doch so viel ...« Oder gar: »Sie wissen doch alles ...«

Um Gottes willen, nein! Ich habe den starken Eindruck, immer weniger zu wissen, je mehr ich erleben und erlesen muss. Nur ein Beispiel: Was hat Karl Hohenlohe mit diesem Satz in seiner Kolumne am 9. Juli 2015 gemeint?

Frau Sarata etwa, die ja ursprünglich der Operette verfallen war, erweckt heute Erinnerungen an eine Wien-Gesandte, Herr Wagner-Trenkwitz war in jungen Jahren wahrscheinlich Fürst eines Zwergenstaates und wurde vom marodierenden Volk ins Exil gezwungen, und Bundy & Bundy waren eigentlich als Zweitbesetzung für die Kessler-Zwillinge gedacht.

... keine Ahnung. Aber muss ich alles wissen? Ich verstehe zum Beispiel auch nicht, dass die Hohenlohe-Kolumnen nach 15 ruhmreichen Jahren nicht mehr im *Kurier* erscheinen.

Ich schrieb dies Büchlein auch nicht, um mich zu bereichern; man soll nur ja nicht glauben, dass ein solches Unterfangen viel Geld trägt. Die deutsche Verwertungsgesellschaft VG Wort ließ mich etwa wissen, dass in meiner Sache gar kein pekuniärer Segen zu erwarten sei; aber immerhin sandte mir eine Frau Doktor »i. A.« (das hat nichts mit dem Ruf des Esels zu tun, sondern bedeutet »im Auftrag« ... aber von wem?) ein E-Mail, mit dem ich einige Zeilen füllen kann. Bitte lesen Sie diesen Text sehr schnell und laut durch:

Betr. Schwan drüber
Sehr geehrter Herr Wagner-Trenkwitz,
für obigen Titel kann die Bibliothekstantieme nach § 45 Abs. 1 u. 2 des Verteilungsplans nicht vergütet werden, da die dort geforderte Verbreitung in wissenschaftlichen Bibliotheken der Bundesrepublik Deutschland nicht gegeben ist. Um in angemessenem Umfang entliehen werden zu können, benötigen Bücher und Buchbeiträge mindestens fünf leihverkehrsrelevante Standorte in zwei regionalen Verbundsystemen. Schenkungen werden dabei nicht berücksich-

tigt. Überprüft wird die geforderte Verbreitung über den Karlsruher virtuellen Katalog (KVK), über den der Bestand nahezu aller wissenschaftlichen Bibliotheken der Bundesrepublik zugänglich ist. Der KVK ist im Internet unter www.ubka.uni-karlsruhe.de/kvk.html erreichbar. Sollten Sie durch eigene Recherchen feststellen, dass die von Ihnen gemeldete Publikation die erforderliche Verbreitung erreicht, so können Sie diese mit einem entsprechenden Vermerk erneut einreichen, sofern nicht Ausschlussfristen entgegenstehen.
Mit freundlichen Grüßen
...
VG Wort / Abt. Wissenschaft

Noch nie wurde mir in blumigerem Beamten-Bundesdeutsch vermittelt, dass es keine Kohle gibt.*

Es müssen also andere Beweggründe als Raffgier für meinen Sammeleifer ausschlaggebend gewesen sein.

Ein Grund, der nie ganz ausgeschlossen werden kann, ist die böse Eitelkeit, eine der vielen psychotherapeutisch behandelbaren Ausformungen des menschlichen Liebesbedürfnisses. Christine Mielitz, ebenso brillante wie gefürchtete Regisseurin und

---

* Mit *Schwan drüber* habe ich sogar ein paar Miese gemacht, und das kam so: Das drollige Umschlagfoto hatte ich im Vertrauen darauf verwendet, dass ich das auch darf. Der Fotograf ließ mir – lange nach Erscheinen des Bandes – durch eine Grazer Rechtsanwaltskanzlei mitteilen, dass ich das Recht zur Fotoverwendung nicht gehabt hätte, stellte eine kühne Geldforderung ... Mein von mir seit Kindertagen geliebter Anwalt (in der Volksschule war er es noch nicht) Corvin Hummer erwiderte ... Man einigte sich auf eine bescheidenere Zahlung ... Lassen wir das Thema. Die Leute, auf die ich seither sauer bin, wissen es. Mehr muss hier nicht geschrieben werden.

Intendantin, tröstete eine Regieassistentin, die sie nicht zum ersten Mal in den Heulkrampf getrieben hatte, einmal mit den lapidaren Worten: »Sie wollen ja auch nur ein bisschen geliebt werden.«

Ich gestehe – ganz ohne Schluchzattacke –, dass dieses Bedürfnis auch mich erfüllt. Und ich weigere mich, den Begriff »Eitelkeit« zu benützen, beweist mein äußeres Erscheinungsbild doch schlagend, dass ich mir diese Untugend schon lange abgewöhnt habe. Ich formuliere es blumiger: Es ist die Zuneigung meines dankbaren Publikums, die mich beseelt!

Wie freue ich mich schon wieder auf die Autogrammstunden, bei denen zwei bis drei Menschen Schlange stehen, um mir dann unmögliche Widmungen abzutrotzen. Folgender Dialog ergab sich bei einem solchen Anlass:

– Schreiben Sie: »Meiner lieben Frau«.
– Lieber Herr, das kann ich nicht.
– Wieso, es ist doch für meine Frau.
– Für Ihre, aber nicht für meine!

Der Herr insistierte noch ein wenig, ich auch, schließlich kapitulierte er und fügte sich mit der leider ebenfalls nicht erfüllbaren Bitte:

– Also gut. Schreiben Sie: »Für mich«.

Irgendwie musste ich bei dieser Begebenheit an den Farkas–Waldbrunn-Wortwechsel denken:

– Meine Frau ist auf Urlaub gefahren.
– Zur Erholung?
– Ja, zu meiner.

Dass die Liebe keine allgemeine ist, musste ich aber auch verstehen. Eine besonders impertinente Verfasserin von Schmähbriefen an meine Adresse, eine gewisse Frau Marta Zimmermann (wenn ich ihre Handschrift richtig lese) samt Gatten (ich beneide ihn nicht), verfolgt mein bescheidenes Wirken mit monströsem Hass. Alfons Haider meinte, ich solle mir darauf nichts einbilden, auf seiner Website gehen regelmäßig Aberhunderte bösartiger Postings ein.

Eine andere Dame wieder zeigte sich von meiner *Schwan*-Silvesterlesung im Wiener Theater Akzent desillusioniert, und ich kann es ihr nicht verdenken:

> Ihre Darbietung war ja recht amüsant, aber ihr dazugehöriges Ambiente war enttäuschend (total zerknitterter Anzug). Sowie, dass Sie Ihrem so geschätzten Publikum am Ende nicht einmal ein gutes neues Jahr gewünscht haben.
> PS: Überall in jedem kleinsten Geschäft wird einem am 31. Dezember ein gutes neues Jahr gewünscht.

Ich bin voller Reue! Nicht, was mein textiles »Ambiente« betrifft (ich habe ja oben schon einbekannt, dass meine Eitelkeit dem Nullpunkt zustrebt). Aber gegrüßt werden soll und muss. Darf ich jedoch zugeben, dass mir die Gutes-neues-Jahr-Wünscherei persönlich ziemlich lästig ist? Insbesondere mit dem Vorsatz: »... sollt' mer uns nicht mehr sehen!« – aber das habe ich schon in einem früheren *Schwan* vermerkt. Beleidigen wollte ich die freundliche Dame jedoch sicher nicht, umso mehr, als sie in der Putzendoplergasse wohnt, was ich überaus sympathisch finde.

Wer weiß, was mir dieser Band an Zustimmung und Ablehnung, an roten und schwarzen Zahlen, an Für und Wider einbringt? Es mag Sie, geneigte Leserin, verehrter Leser, jedenfalls milde stimmen, dass dies der aller-allerletzte Versuch bleiben wird, Sie mit Anekdoten und Reminiszenzen zu kitzeln; für Memoiren wird schließlich wenig übrig bleiben und noch weniger Anlass bestehen.

Wenn ich also einmal wieder die Feder drohend erhebe, dann wird es nicht um mich und mein lückenhaftes Gedächtnis gehen, sondern um Bedeutenderes.

Jetzt aber wünsche ich Ihnen mindestens so viel Freude beim Lesen, wie ich beim Schreiben gehabt habe (und dieser Wunsch ist keine bösartige Falle)!

Christoph Wagner-Trenkwitz
Stadt Haag, im August 2015

PS: Ich möchte Heinz Hromada, dem »Retter« des Buchs, hier meine Reverenz erweisen. Heinz ist nicht nur geschätzter Kontragitarrist bei den Philharmonia Schrammeln (wenngleich ich in Bezug auf sein Instrument auch einmal, live auf Sendung, die »Knöpferlgitarre« erfunden habe), sondern auch EDV-Experte der Volksoper. Mitten im Wonnemonat Juli stürzte mein sauer getipptes Word-Dokument ins Bodenlose, ein Notruf bei Meister Hromada (er urlaubte gerade im Waldviertel) war meine einzige Idee. Er hat mein Schriftstellerleben wieder mit Sinn erfüllt, ihm schulde ich großen Dank (dem Sie sich hoffentlich anschließen), dass dieser *Schwan* nicht ertrunken ist.

Nochmal das Theater mit der Oper

Anekdoten aus dem geliebten Irrenhaus und Umgebung

Meine Türöffner in das Reich der gesungenen Worte waren meine Eltern – ja, ich muss offen gestehen: Ich weiß überhaupt nicht, wo ich wäre ohne meine Eltern. Wahrscheinlich noch in Abrahams Wurschtkessel, was nebenbei meine bevorzugte Geschichtsepoche ist. Aber dorthin wollte ich Sie ja gar nicht entführen, sondern, richtig, in die Oper.

Im Familienkreis: Meine Mutter hält mich auf dem Schoß, Großmutter, Vater, Schwester, Tante Traute und Onkel Achim sind's zufrieden.

Insbesondere das gesungene Italienisch faszinierte mich von frühester Kindheit an. Ich lallte die Silben nach, die der Tenor Beniamino Gigli auf einer in unserem Haushalt vorrätigen Vinyl-Scheibe hinterlassen hatte. Und ich war fasziniert vom Klang der romanischen Sprache überhaupt: Immer, wenn ich etwas nicht verstehen sollte, sagten es meine Eltern in dieser fremden Zunge, sie belegten nämlich gemeinsam einen Italienischkurs am Wiener »Istituto Dante Alighieri«. Meine ältere – aber eben damals auch noch junge – Schwester Daniela war überzeugt, die wöchentlichen Besuche der Eltern gälten der »Tante Alighieri«, und war bitter enttäuscht, als sie herausfand, dass es sich bei dieser Dame um einen längst verstorbenen Herrn handelte.

Anfänge und Blind Date

Singen und Oper waren in unserem Haushalt also etwas »Normales«. Dass sie einmal zum Zentrum meines Berufslebens werden sollten, wusste ich freilich noch nicht.

Den bescheidenen Anfang machte ein Nebenjob in der Wiener Künstleragentur Raab. Dr. Rudolf Raab, ein Freund meiner Eltern aus Kammerchor-Zeiten in den 1950er-Jahren, war ein väterlicher, stets fairer Chef und Künstlerbegleiter, der abseits seines dichten Tagesplans auch hervorragend blödeln konnte. Der bullige Mann mit der freundlichen Stupsnase konnte unbändig lachen, wenn durch das Telex (wo sind die Zeiten, als diese lautstarke Kommunikationsmaschine noch im Gebrauch war) bizarre Anfragen wie die folgende zu einer leicht falsch buchstabierten Borodin-Oper ratterten: »Bitte um Zusammenstellung von Besetzung FÜRTS IGOR.«

Ein italienisches Opernhaus wieder fragte anstelle des Baritons Wolfgang Brendel irrtümlich einen namhaften Pianisten für eine Hauptrolle an: »Bitte prüfen Sie Verfügbarkeit von Alfred Brendel für *Rigoletto*.«

Einmal begleitete ich Dr. Raab nach Hamburg, wir sahen eine *Figaro*-Vorstellung unter Eliahu Inbal. Rudi missfiel die Leistung des Dirigenten, er diagnostizierte trocken: »Dieser Inbal ist ein Outball.«

Ebenfalls in den 1980er-Jahren verdingte ich mich als Wien-Korrespondent eines Berliner Opernmagazin. Die Kernredaktion schien ausschließlich aus Homosexuellen zu bestehen, was mir egal sein konnte – bis zu dem Moment in der Vorweihnachtszeit, als sich der Chefredakteur mit mir ein Blind Date in der Staatsoper ausmachte. Auf Wienbesuch, wollte er sich eine Wagner-Aufführung ansehen und bei der Gelegenheit gleich seinen Wiener Nachwuchskorrespondenten kennenlernen. Ich trug in jener Zeit noch Mascherl – was ein paar Jahre später durch einen gewissen Parteiobmann übernommen und so in den Rang einer politischen Kundgebung erhoben wurde; hierauf hörte ich auf, Mascherl zu tragen, und er, als er dann Bundeskanzler wurde, übrigens auch. Da stand ich also im Foyer der Staatsoper und erwartete den Herrn aus Berlin … bis ein freundlicher, gepflegter Mittvierziger auf mich zustürmte, der sich als mein Chefredakteur zu erkennen gab. Und exakt die gleiche Fliege trug wie ich. Mir ist ja so schnell nichts peinlich, aber einen langen *Lohengrin* hindurch im Partnerlook-Selbstbinder das Parkett der Wiener Staatsoper zu bevölkern, das hat schon eine Grenze überschritten. Im Anschluss an die Vorstellung wünschte mir der Herr Chefredakteur noch einen »schönen Weihnachtsmann« und wir verließen – getrennter Wege – das Opernhaus am Ring.

Als Nebenkorrespondent (der Hauptverantwortliche war Peter Dusek) besuchte ich mehrmals pro Woche Wiener Repertoire-Vorstellungen, verriss ein paar Künstler, die mir das heute noch vorhalten, und hatte hin und wieder auch Gelegenheit zu Interviews, unter anderen mit dem aufstrebenden Generalmusikdirektor der Oper Nürnberg, einem gewissen Christian Thielemann. Dieser debütierte 1987 an der Staatsoper als Dirigent von *Così fan tutte* und machte sich gleich zur Begrüßung bei einem Wiener Original unbeliebt. Als er Walter Berry, den Darsteller des Don Alfonso, korrigierte, meinte der Kammersänger: »Das hab ich bis jetzt aber immer so gesungen.« Der nicht einmal 30-jährige Thielemann antwortete kühl: »Dann haben Sie es bis jetzt immer falsch gesungen.«

Jahre später kehrte Thielemann dann als gefeierter Wagner-Interpret an die Staatsoper zurück. Wer etwa *Tristan und Isolde* unter seiner Leitung erlebt hat, ist Zeuge einer außerordentlichen Aufführung geworden.

Ein Philharmoniker äußerte sich besonders anerkennend über des Maestros zügige Tempi bei »Isoldes Liebestod«: »So schnell hamma die Isolde no' nie hamdraht!«*

Holenderiana

Zur Arbeit in das berühmteste Opernhaus der Welt (ich behaupte mal, dass die Wiener Staatsoper das ist) hat mich 1992 Ioan Holender eingeladen, und das werde ich ihm nicht vergessen. Dennoch kann ich ihn mit meinem Humor nicht verschonen.

Holender, bereits zu Amtszeiten legendärer und auch in den Stand des Ehrenmitglieds erhobener Langzeitdirektor der Staatsoper, ist ja ein reicher Born von Anekdoten. Die meisten

---

* Nur nebenbei möchte ich den Kalauer erwähnen, dass die Schuld an Tristans Ableben dem Schock über »Isoldes Liebestöter« zuzuschreiben sei.

Anekdoten aus dem geliebten Irrenhaus und Umgebung

Auch in fernen Weltengegenden wird der ehemalige Staatsoperndirektor geschätzt und geehrt. Aber mit ihm Schifahren gehen darf nicht jeder!

Außerdem habe ich einen hochalpinen Holender-Doppelgänger für Sie aufgespürt.

KARL FREHSNER

Der „Eiserne Karl" nimmt mit Saisonende seinen Hut, tritt als Cheftrainer der Schweizer Ski-Herren zurück. Als Grund gab der Schweizer Skiverband den verkorksten Saisonverlauf an. Wer Frehsner, von 1976 bis 1991 und seit 2002 für die Eidgenossen tätig, folgt, ist noch offen. Robert Trenkwalder und Werner Margreiter sind potenzielle Kandidaten. [apa]

habe ich schon vergangenen *Schwänen* anvertraut, zur Freude der Leserschaft, nicht immer zu jener des Herrn Holender.

Doch immer wieder kommen mir Holenderiana ins Gedächtnis, die ich noch nicht notiert habe. Wie etwa jener Satz, den er im Mozart-Jahr äußerte, um festzustellen, dass nicht alles glänzt, wo der goldene Name »Mozart« draufsteht: »*Die Gans von Kairo* wird auch nicht besser, wenn die Netrebko die Gans singt.« Regelmäßig gelangen ihm Sätze wie der folgende, die das Visavis schlicht sprachlos machten: »Was Sie sagen, ist so falsch, dass nicht einmal das Gegenteil davon stimmt.«

Eine bemerkenswerte Holender-Anekdote hat eigentlich seine langjährige Sekretärin, die unerschütterliche Frau A., zum Zentrum. Unerschütterlich musste man sein, wenn man im Vorzimmer des cholerischen, in seinen Willensäußerungen unerbittlich raschen, aber nicht immer klar artikulierenden Ioan Holender überleben wollte. »Frau A.! Kaffee!« war noch eindeutig; aber der nachdrückliche Auftrag, »den Dings, no, wie heißt er«, anzurufen, war es keineswegs. Auf eine zarte Nachfrage tönte es dann, schon ungeduldiger, etwa: »No, den anderen Bachler!«, und Frau A. konnte es sich aussuchen, Klaus Bachlers Nachfolger in der Volksoper, oder den im Burgtheater, oder aber irgendeinen Klaus Bachler ähnlich sehenden Herrn (vielleicht Roland Geyer?) in das Büro des Staatsopern-Direktors zu verbinden.

Frau A., eine pragmatisierte Beamtin, ertrug den niemals leichten Alltag mit an Gottergebenheit grenzender stoischer Ruhe.

Als es sich abzeichnete, dass Holenders Direktorenvertrag nicht über das Jahr 2010 hinaus verlängert werden würde, ging der Chef zum Angriff über (das tat er eigentlich unentwegt) und sandte eine in seiner charakteristischen kleinen Handschrift verfasste Botschaft an die Redaktionen, dass er selbst nicht für eine Verlängerung zur Verfügung stünde.

Der Journalist Karl Löbl rief als Erster in der Staatsopern-Direktion an – Löbl war überhaupt meistens der Schnellste, einer der Gründe für die gegenseitige Achtung, die er und Holender einander entgegenbrachten – und landete in Frau A.s Telefon.
»Grüß Gott, Frau A.! Das muss ja ein schwarzer Tag für Sie sein«, meinte Löbl.
Sie replizierte mit ihrer üblichen Gelassenheit: »Aber wirkli' net, Herr Löbl.«

Comeback mit Minimalgage

Ioan Holender hat stets den Jungen Chancen gegeben; so wurde mir die Möglichkeit zuteil, Staatsopern-Matineen zu moderieren, was ich durch über ein Jahrzehnt (von einer Benefizmatinee 1997 bis zur *Götterdämmerung*-Einführung 2008) gerne getan habe, anfangs alternierend mit Marcel Prawy, dann vorübergehend abgelöst von Karl Löbl, mittlerweile endgültig (aber man weiß ja nie …) ersetzt durch die Hausdramaturgen Andreas und Oliver Láng.

Im Herbst 2014 gab es ein »Comeback« für mich: Das Musikgymnasium Wien feierte 50. Geburtstag in der Staatsoper, Christian Thielemann dirigierte das *Meistersinger*-Vorspiel und das Finale der IX. Beethoven (meine Frau Cornelia war die Sopran-Solistin).

Ioan Holender war im Publikum anwesend, denn seine Tochter Alina*, Schülerin des MGW, spielte Cello im Orchester. Natürlich traten alle Mitwirkenden kostenlos auf, und ich hatte

---

* Alina Holender wurde ein paar Jahre *nach* meiner Tochter gleichen Namens geboren. Der Direktor aber rügte mich unter souveräner Verachtung der Chronologie: »Sie rauben mir die Namen meiner Kinder!«

für meine Eröffnungsmoderation den Satz vorbereitet, dass ich heute »dieselbe Gage wie Thielemann« verdiente.

Vor Beginn sprach ich mit dem Staatsopern-Direktor Dominique Meyer und wies ihn auf mein Gratis-Comeback hin, worauf er in der Hosentasche nach einer Euro-Münze fischte und sie mir feierlich überreichte: »Jetzt hast du eine Gage.«

Also musste ich meinen Eröffnungssatz ändern.

»Dies ist ein historischer Tag für mich. Ich bekomme heute, dank Herrn Direktor Meyer, mehr als Christian Thielemann; wenn es auch die niedrigste Gage ist, die je an der Staatsoper bezahlt wurde«, sagte ich und hielt triumphierend meinen Euro in die Höhe.

Nach der bejubelten Veranstaltung trieb Thielemann die Scharen mit dem Ruf »Hopp, hopp! Verbeugen ist Dienst« auf die Bühne.

Meyer erschien hinter der Bühne und sagte zu mir: »Holender wird böse sein. Er war immer so stolz darauf, dass *er* die niedrigsten Gagen zahlt ...«

Während ich diese Zeilen schreibe, bereitet sich Opern-Wien auf die Huldigungen zum 80er Ioan Holenders vor. Eine sehr bewegende fand bereits Mitte Mai 2015 in der Rumänischen Botschaft statt. Ich war natürlich nicht eingeladen, aber meine Schwester Daniela, die von Holender sehr geschätzte ehemalige »Frau Präsidentin« der Konzertvereinigung, berichtete mir, dass Holenders Sohn Liviu nicht nur mit seiner Schwester Alina musiziert, sondern auch in einem einstens vom Vater getragenen Escamillo-Kostüm die Auftrittsarie des Toréador gesungen hatte – der Senior war verständlicherweise zu Tränen gerührt.

Ich schließe mich den guten Wünschen gerne an und bin dem »Herrn Direktor«, der sich mittlerweile als Konsulent und

TV-Talkmaster hervortut, immer dankbar – nicht nur für die lustigen Geschichten, die sich mit ihm verbinden, sondern auch für die »Erfindung« meiner »Karriere«.

Titelverwirrungen

Nichts liegt mir ferner, als Kollegen zu verspotten, denen Fehler in Druckschriften unterlaufen. Aus jahrzehntelanger leidvoller Erfahrung weiß ich, wie leicht das passieren kann. Man spricht dann neckisch vom »Druckfehlerteufel«, der wieder »zugeschlagen« hat, oder meint entspannt: »Wer einen Fehler findet, kann ihn behalten.« Aber so leicht nimmt man's als Verantwortlicher nicht, wenn etwa, wie im Spielplan der Kölner Oper, folgender bizarrer (Unter-)Titel zu lesen ist: »*Die spanische Fliege*. Komische Oper von Henrik Ibsen«.

Auf einem Transparent landete gar die avantgardistische Operette *Die Feldermaus*, andernorts wurde auch schon *Die Flederermaus* angekündigt.

In der Aussendung einer Künstleragentur stieß ich auf *Herzog Blaubarts Burg* in anfechtbarer englischer Fassung: *Duke Bluebird's Castle* – es müsste natürlich *Bluebeard* heißen. Den entsprechenden Vogel gibt es auch, den »Rotkehlhüttensänger« oder »Elfenblauvogel«, nur hat Béla Bartók nie eine Oper über dieses Tier geschrieben.

Freund Oswald Panagl berichtete mir von einem ärgerlichen Druckfehler in einer seiner Publikationen über Richard Wagner. Was ein Zitat aus Mimes Ansprache an Siegfried werden sollte: »Als zullendes Kind zog ich dich auf ...« wurde, um jegliche Stabreimqualität betrogen, zu: »Als lullendes Kind ...«

Um die Schreibweise von Rossinis Vornamen ein für alle Mal festzulegen – nämlich »Gioachino«, nicht »Gioacchino« –, sandte ich im März 2011 ein Mail an den gesamten Volksopern-Verteiler, wobei mir allerdings ein kleines Missgeschick unterlief:

Dies ist die ab sofort (auch in der Jahresvorschau) gepflogene Schreibweise: Gioachino mit einem »n«!
Bitte um Beachtung,
beste Grüße
Mag. Christoph Wagner-Trenkwitz

Die aufmerksame Kollegin Kerstin André-Bättig antwortete prompt:

Und mit einem »c« :-))

… worauf ich nur mehr ein verschämtes »Stimmt« erwidern konnte.

Das Publikum hingegen darf sich immer irren, wenn es nur brav nach Karten verlangt. So erbat ein Kunde an der Volksopern-Kasse einmal Tickets für den *Wixer von Oz*, ein anderer für das berühmte Musical *My Fat Lady*.
Und ein US-Kollege, dem ich Zutritt zu den Aufführungen von *Die lustigen Weiber von Windsor* und *Die spinnen, die Römer!* verschafft hatte, bedankte sich anderntags in typisch angelsächsischer Kurzform: »Thank you so much for arranging my tickets for *Die Lustigen* and *Die Spinner*. Enjoyed both very much!«
Verlassen wir für einen Moment die Welt des Musiktheaters. Betreten wir das Hotel Imperial, das, in Sichtweite der Wiener Staatsoper gelegen, seit jeher musische Gäste (unter ihnen Richard Wagner) beherbergt hat. Als das Luxushotel zur Ver-

Anekdoten aus dem geliebten Irrenhaus und Umgebung

Hier die offizielle tschechische Schreibweise der österreichischen Kulturstadt sowie ein inoffizielles Werk aus Mozarts Feder.

Ohne Gewähr	BURGTHEATER 514 44/2218	AKADEMIE 514 44/4218	STAATSOPER 514 44/2418	VOLKSOPER 514 44/3318	
FR 21. 5.	A. Heller: Sein und Schein 19.00-21.15/Abo.7 Bill, Wolf, Ledl, Schwab, Liewehr, Birkhahn, Rossi	A. Čechov: Onkel Vanja 19.30-22.45/Wahalbo. Düringer, Fritsch, Kunz, Heltau, Buczolich, Pekny, Selge	R. Wagner: Götterdämmerung 17.00-22.30/Abo.aufg. von Dohnanyi; Baltsa, Pieczonka, Lima, Leiferkus	W. A. Mozart: Der Zigeunerbaron 19.30-22.15 Bauer-Theussl; Irosch, Jahn, Schreibmayer, Katzböck	A L 1! B Pi
SA 22. 5.	A. Heller: Sein und Schein 20.00-22.15/Wahlabo. Bill, Wolf, Ledl, Schwab, Liewehr, Birkhahn, Rossi	A. Čechov: Onkel Vanja 19.30-22.45/Wahalbo. Düringer, Fritsch, Kunz, Heltau, Buczolich, Pekny, Selge	G. Verdi: La Traviata 19.30-22.15 Luisi; Gustafson, Alagna, Gavanelli	R. Benatzky: Im weissen Rössel 19.00-22.00 Bibl; Kales, Helfricht, Dallapozza, Branoff, Meyer, Holt	Di 1 D 1
SO 23. 5.	A. Heller: Sein und Schein 19.00-21.15/Abo.72 Bill, Wolf, Ledl, Schwab, Liewehr, Birkhahn, Rossi	A. Čechov: Onkel Vanja 19.00-22.15/Abo.21 Düringer, Fritsch, Kunz, Heltau, Buczolich, Pekny, Selge	W. A. Mozart: Don Giovanni 19.00-22.15/Abo.aufg. Schoenwandt; Eaglen, Sonntag, Rost, Skovhus, Lippert	F. Loewe: My fair Lady 19.00-22.00/Abo.23 Tomaschek; Koller, Kalista, Minich, Wächter, Ruzicka	[1 [2
MO 24.	Keine Vorstellung	L. Pirandello: Sechs Personen suchen… 19.30-22.30/Abo.14 Orth, Platt, Vas, Schwab, Oest, Knebel	Ballett: Giselle 20.00-22.00/Abo.14 Luther; Stadler, Malakhov	F. Lehár: Giuditta 19.00-21.45/Abo.16 Eschwe; Fandayomi, Leitner, Ivanov, Minich, Jirsa	/ [(\
	G. Feydeau:	B. Brecht:	P. I. Tschaikowski:	F. Lehár:	

marktung der neuen »Imperial-Torte« schritt, passierte ein hinreißend schöner Fehler. Man bewarb die nobel verpackte »Imperial-Tote in der Holzkiste«.

Schreibfehler und Stilblüten sind nicht dasselbe; zur Unterscheidung hier eine vollkommen rechtschreibfehlerfreie, aber allzu blumige Formulierung meiner Volksopern-Vorgängerin Birgit Meyer: »Ernst Kreneks Musik atmet den Puls der Zeit.«
Dies ist umso beachtlicher, als Frau Dr. Meyer auf ein abgeschlossenes Medizinstudium verweisen kann; in musikalischen Fragen mag sie also danebengreifen, über die Funktionsverteilung im Körper (zum Beispiel, dass man einen Puls nicht atmen kann) sollte sie allerdings Bescheid wissen.

Ein Geschäftsführer in einem Bundestheater muss viele Rechnungen unterschreiben, und das gehört nicht zu seinen lustigsten Aufgaben.
Als der Volksopern-Kaufmann Mag. Christoph Ladstätter einmal dennoch angesichts einer eingereichten Rechnung in lauten Jubel ausbrach, lag das an folgenden Umständen: Streicherbögen brauchen regelmäßig eine neue Behaarung; ein sehr geschätzter Cellist des Volksopern-Orchesters heißt Michael Williams, und er hat eine weithin sichtbare Glatze; als die von der Geigenbaumeisterin ausgestellte Rechnung den Wortlaut »Behaarung für Michael Williams« aufwies, lachte der Magister – verständlich, oder?

Als ich Angelika Kirchschlager das Kleid vom Leibe riss

Die große Angelika Kirchschlager kannte ich bereits, als sie noch fern von groß war. Sie war meine Studien-, Staatsopern- und Kin-

dergartenkollegin (ihr Sohn Felix besuchte mit meiner Erstgeborenen den Italienischen Kindergarten, den »Asilo Italiano«, in Wien), sie war und ist eine gute Freundin, aber eines hatten wir nie: ein Verhältnis. Mögen die Herren Leser jetzt auch mitleidig den Kopf schütteln, aber es kam nie dazu. Umso verwirrender mag der Titel dieses Absatzes wirken, also klären wir die Verwirrung rasch auf.

Das lauschige Fleckchen Laxenburg lud 2013 zum Sommerkonzert, Angelika war der Vokalstar, ich der Moderator. Wir erfreuten das Publikum nach Kräften, vor der zweiten Zugabe

wurde Angelika merkbar nervös: Sie müsse schnellstens nach Wien zurück, ein Auto warte bereits. Als alle Zugaben abgeliefert waren, beorderte sie mich in ihre Garderobe, damit ich ihr Kleid öffnete; der Zippverschluss verhakte sich, alles klemmte.
Darauf kommandierte die Kirchschlager, ohne jeden Anflug von Belcanto in der Stimme: »Reiß den Dreck auf!«
Ich gehorchte, das Abendkleid war in Fetzen, aber beseitigt.

Apropos mangelhafte Bekleidung: In meiner Kellertheater-Zeit bescherte mir ein irrtümlich nicht geschlossenes Hosentor einmal einen unverhofften Erfolg.
Reifere Künstler achten vor dem Auftritt darauf, dass alles vorschriftsmäßig zugezippt ist. Götz Zemann, bejahrter Grazer Publikumsliebling, kann diesen letzten Sicherheitsblick wegen übergroßer Leibesfülle nicht selbst vornehmen. Vor einer Vorstellung des *Weißen Rössl* an der Grazer Oper hörte ich ihn seine Garderobiere fragen: »Alles in Ordnung, Puppi? Hosentürl zu?«
Die Dame namens Puppi sah nach und erteilte Zemann die Erlaubnis, auf die Bühne zu gehen.

Nochmals zurück nach Laxenburg: 2015 moderierte ich dort abermals ein Sommerkonzert, und Ildikó Raimondi hat mich bis zum Schluss nicht gebeten, ihr das Kleid vom Leib zu reißen.
Auch Dalma Viczina, die schöne Finalistin im Wettbewerb für Musikalisches Unterhaltungstheater, dem sogenannten M.U.T., blieb mir diese Aufforderung schuldig. Als ich sie nach ihrer Darbietung fragte, was denn der rare Vorname bedeute, sagte die Ungarin: »›Dalma‹ heißt ›Das heutige Lied‹. Meine Mutter muss gut aufgelegt gewesen sein, als sie mich so nannte!« Ich gab zurück: »Na Gott sei Dank war sie nicht noch besser aufgelegt und hat dich mit zweitem Namen Tina genannt!«

In demselben, von Josef Ernst Köpplinger an seinem Münchner Gärtnerplatztheater abgehaltenen Wettbewerb wurden auch die legendären Kessler-Zwillinge in der Jury erwartet. Leider konnten Alice und Ellen Kessler nicht kommen, denn sie hatten – ob man es mir glaubt oder nicht – eine Doppelvorstellung!

Allerlei Diebesgut

Keinen gemeinsamen Nenner weiß ich für die folgenden Begebenheiten, außer, dass ich sie erbeutet habe und nun ruchlos weitergebe – der Tatbestand der Hehlerei ist erfüllt, aber hoffentlich zu Ihrer Freude.

Für einen mir persönlich bekannten Oboisten der Wiener Philharmoniker wurde eines Salzburger Festspielsommers der Musiker-Albtraum schlechthin wahr: Er hatte den Termin der öffentlichen Generalprobe zu Bergs *Lulu* falsch notiert. Publikum und Orchester waren schon versammelt, als den Unvorbereiteten der Anruf traf, wo er denn bleibe. Trotz einer halsbrecherischen Radlfahrt schaffte es der geplagte Musiker nur mit beträchtlicher Verspätung ins Festspielhaus. Die Verschiebung des Beginns um eine Stunde wurde vom Intendanten Jürgen Flimm persönlich mit einem »technischen Gebrechen« begründet. Die Panne wurde Stadtgespräch, der Schuldige allerdings blieb ungeoutet.

Wenige Tage nach dem Vorfall benützte die Oboistengattin ein Salzburger Taxi. Der Chauffeur gab sich kundig: »Wissen S', warum die *Lulu*-Generalprob' verschoben worden is'? Der Dirigent hat verschlafen!«

Franz Patay, mittlerweile Rektor der Konservatorium Wien Privatuniversität (was uns nicht berechtigt, ihn als »Privatrektor« anzusprechen), ist Sohn eines Philharmonikers. Der Vater nahm den kleinen Franz mehrmals zum Dienst in die Staatsoper mit. Der Knabe sah die unterirdischen Garderoben und den versenkten Orchestergraben und meinte, »Oper« sei eine Art U-Boot. Erst als er einmal in der Mittelloge für eine Ballettaufführung Platz nehmen durfte, weitete sich sein Begriff von dieser Kunstform zum Guten.

Jahre später schnupperte der Student Patay auch Bühnenluft als Staatsopern-Statist. Vorstellung für Vorstellung marschierte er zum Beispiel im Schlussbild von *Carmen* als stolzer Spanier in der hinteren Reihe ein. Als er den Kollegen aus der ersten Reihe fragte, ob man nicht einmal Platz tauschen könnte, winkte dieser kategorisch ab:

– Das geht nicht.
– Warum nicht?
– Ich bin Premierenbesetzung.

Bisweilen passiert es, dass man Anekdoten witzig, aber falsch erzählt. So geschah es mir in *Schwan drüber*, wo sich folgende Zeilen finden:

Der ehemalige ORF-Archivchef und Opernfreunde-Präsident Peter Dusek empfing Luciano Pavarotti in Salzburg zu einem Künstlergespräch. Er öffnete dem Tenorissimo die Wagentüre, und während sich der beleibte Italiener mühsam aus dem Auto kämpfte, verwies der ebenfalls nicht magere Dusek auf die Außentemperaturen: »Hot, what?«

In Wahrheit spielte sich diese Geschichte, wie mir mitgeteilt wurde, anders ab. Luciano Pavarotti hatte in Salzburg einen Liederabend bei Rekord-Außentemperaturen absolviert.
  Im Anschluss daran fragte er Peter Dusek: »How was it?«
Und dieser replizierte: »Hot was!«
Auch nicht schlecht.

Aufmerksamer Korrektor in dieser Sache war mein Freund Franz-Leo Popp, dessen Lob ich im ersten *Schwan* gesungen habe.
  Zum runden Geburtstag des fanatischen und international bewunderten Autogrammsammlers Erich Wirl holte Leo selbst zur Laudatio aus. Wirls Hobby, von Künstlern stets drei bis vier Porträts signieren zu lassen – und das durch Jahrzehnte –, hatte ihn zum Herrscher über eines der größten privaten Fotoarchive der Welt werden lassen. Leo weckte in seiner Rede Mitleid mit den Sängerinnen und Sängern: Ein Tenor mit Doppelnamen, dessen Wirl vor der Vorstellung in der Arena di Verona habhaft wurde, hätte angeblich seine Auftrittsarie versäumt, weil er zu so vielen Unterschriften genötigt worden war.
  Und auch die junge Maria Meneghini-Callas bereute der Legende nach ihren Doppelnamen, nachdem sie von Erich Wirl in die Pflicht genommen worden war: »Hast g'hört? Die Callas hat sich scheiden lassen. Wegen dem Wirl!«

Villazóniana

Man kann ja selbst am wenigsten beurteilen, wem man ähnlich sieht. Mir wurde jahrelang eine Ähnlichkeit mit Rolando Villazón und mit Rowan Atkinson (dem Darsteller des Mr. Bean) unterstellt, was mich immer ehrte und freute.

In der New Yorker Buchhandlung Barnes & Noble zeigte sich ein Verkäufer vor Jahren richtig enttäuscht, als ich ihm meine Kreditkarte mit dem nichtssagenden Namen vorlegte; er wäre überzeugt gewesen, in der Kassen-Schlange hätte sich der britische Komiker langsam auf ihn zubewegt.

Den Vogel schoss Dieter Chmelar nach der Präsentation von *Schwan drüber* ab. Er titelte: »Wagner-Trenkwitz: Wo blieben seine Drillinge?« Unter Villazóns Konterfei schrieb er: »Kam nicht.« Unter jenes von Mr. Bean: »Sagte ab.« Und unter das meine: »Erschien allein.«

Dass Rolando Villazón einer der witzigsten Zeitgenossen überhaupt (nicht nur in Operngefilden) ist, muss hier nicht bewiesen werden. So sehr man über seine Geschichten lachen kann, wenn er sie persönlich vorträgt, so blass wirken sie, wenn sie auf plattes Papier geworfen werden. Versuchen wir es trotzdem.

In seiner Debütinszenierung von Massenets *Werther* beschäftigte Villazón zwei Clowns – er hat das Handwerk des philosophischen, ernsthaften Spaßmachers (oder handelt es sich um spaßhafte Ernstmacher?) ja selbst erlernt. Eine Dame und ein Herr begleiteten und kommentierten also die Leiden des jungen Dichters und hatten auch selbst eine minimale Gesangsaufgabe: »Vivat Klopstock, Klopstock vivat« war von ihnen zu intonieren.

Als es bei der Generalprobe zu der Stelle kam, hatte niemand mit der panischen Nervosität der beiden üblicherweise schweigsamen Professionisten gerechnet. Der eine, vor Aufregung vollkommen stimmlos, krächzte sein »Vivat Klopstock« wie ein hysterischer Rabe, während die andere in ihrer Not eine Oktave höher einsetzte und die Anwesenden mit einem schrillen Quietschen verstörte. Bei der Premiere ging dann aber alles glatt ...

BUCHPRÄSENTATION
Wagner-Trenkwitz: Wo blieben seine Drillinge?

„Schwan drüber". Ein Hauch Hochkultur durchwehte die Verlagsräume des Amalthea-Verlags – ja, so klass' kann Klassik klingen! „Amalthea" war schließlich jene Nymphe, die dereinst Zeus mit Ziegenmilch aufzog. Nix zu meckern gab's, als der Chefdramaturg der Volksoper und Opernball-Kommentator-Zwilling „unseres" **Karl Hohenlohe**, **Christoph Wagner-Trenkwitz**, seine erlesenen „Antiquitäten" („Schwan drüber") präsentierte.

Einziger Wermutstropfen: CWTs augenfällige Stief-Drillinge, **Rolando Villazón** und **Mr. Bean**, erschienen nicht…

Kam nicht: „Drilling 1" Villazón

Sagte ab: „Drilling 2" Mr. Bean

Erschien allein: „Drilling 3" CWT

So groß ist die Ähnlichkeit mit Rolando nun auch wieder nicht. Aber Dieter Chmelars Glosse hat mich trotzdem gefreut.

Rolando, der gut ein halbes Dutzend Sprachen spricht, fühlt sich in der Muttersprache natürlich am wohlsten. Den Grund gab er so an: »Im Spanischen haben wir nur A, E, I, O, U. Aber diese Ä, Ü und Ö im Deutschen! Und erst das Französische: on, en ...«

Als der Tenor mit seinem französischen Sprachcoach Werthers Arie *Pourquoi me réveiller* einstudierte, entspann sich folgender absurder Dialog:

Villazón: Pourquoi me ...
Coach: Das *mö* ist zu hell.
Villazón: Pourquoi me ...
Coach: Noch ein bisschen dunkler, weniger offen: *mö*.
Villazón *Mö*.
Coach: Nein: *mö*.
Villazón: *Mö*.
Coach: Jetzt war es zu dunkel: *mö*.
Villazón: *Mö*.
Coach: Genau so! *Mö*!
Villazón: *Mö*.
Coach: Nein, das war wieder zu offen ...

... etc. etc. Verzweifeltes Fazit des Stars: »Ich habe überhaupt keinen Unterschied gehört! Wir haben eine Viertelstunde nur *mö, mö, mö* gesagt ... Wie die Schafe!«

Eine Geschichte, die Rolando Villazóns humoristisches Temperament belegt, weiß meine Schwester Daniela, Mitglied des Staatsopern-Chors zu berichten. Willy Decker probte bei den Salzburger Festspielen 2005 *La traviata* mit der Netrebko und Villazón – und er probte vorzugsweise pausenlos.

Bei einer dieser Marathonveranstaltungen schnappte sich der Tenor ungesehen ein Mikrofon und sprach mit sonorer Stimme »Willy, hier spricht Gott. Mach eine Pause, ich muss Pipi!«

An diesem Abend dirigierte Plácido Domingo doch nicht. Wegen des im Hintergrund erkennbaren Unwetters stellten wir (Philharmoniker-Vorstand Clemens Hellsberg, ich mit Mikrofon, Domingo mit Villazón) uns wie ein Männergesangsverein auf, um die Absage des »Konzertes für Österreich« zu verkünden. Im Vordergrund der wichtigste Mann, ORF-Inspizient Michi Gromes. Nachdem die Kameras abgeschaltet waren, intonierten Tenordirigent und Tenor übrigens: »I'm singing in the rain.«

Doch nähern wir uns der unverdienten Ehre. Zu verdanken habe ich sie einer Absonderung, die ich zum Thema »Neujahrsvorsätze« in die Kamera getätigt habe:

»Nun feuerte Herr W.-Tr. in den ›Seitenblicken‹ folgenden Spaß ab: ›Ich habe mir schon lange vorgenommen, das Neujahrskonzert zu dirigieren. Aber es ist ein Vorsatz, ich kann alle Fernsehteilnehmer beruhigen, der wieder nicht in die Tat umgesetzt wird.‹

Villazón widmete mir, weil er schon dabei war, sein Bild in meinem ersten Schwan.

Und wenn ich schon beim Bestehlen des Schwesterherzens bin, hier eine Handvoll Geschichten aus ihrer Hege.

Als Robert Carsen Verdis *Jerusalem* an der Staatsoper inszenierte, gefiel es ihm, in der Gerichtsszene eine Unmenge von Sesseln auf der Bühne aufstellen zu lassen.

Bei einer der Endproben konnte sich der Inspizient den mehrdeutigen Einruf nicht verkneifen: »Der Chor bitte zur Stuhlprobe auf die Bühne!«

Einen anderen Inspizientenspaß hat Daniela beim Salzburger *Jedermann* belauscht. Tobias Moretti verkörperte den Teufel und war nur mangelhaft ausgerüstet zur Bühne unterwegs.

Es erschallte also die Durchsage: »Herr Moretti hat seinen Schwanz in der Garderobe vergessen.«

Originell ... wundervoll

Wie originell muss ein Meisterwerk sein? »In *Thaïs* von Massenet – da is' a Masse net von Massenet!«, heißt ein gängiger Spruch. Und in einem Atemzug sei erwähnt, dass Ralph Benatzky wegen seiner allzu lockeren Hand im Umgang mit den Meisterwerken der Vergangenheit bekanntlich auch »Benutzky« genannt wurde.

Sehr originell allerdings ist das Folgende. Der Regisseur Michiel Dijkema, Debütant an der Volksoper, fragte mich mit scherzhaft-alarmiertem Blick, wieso es an der Volksoper so etwas wie den »Normstatisten« gäbe.

Ich ging der Sache nach und erfuhr, dass der fantasievolle Technische Produktionsleiter Peter Notz bei einer länger zurückliegenden Inszenierung mit dem Problem konfrontiert war, dass männliche Komparsen aus Säulen zu schlüpfen hatten; der Durchmesser der Säulen war vorgegeben, und danach musste der maximale Körperumfang der Durchschlüpfer definiert werden. Auf den Rahmen des kreisrunden Ausschnitts vermerkte Notz seine Wortschöpfung: »Normstatisten-Schablone«.

Judith Leuenberger, Komparserieleiterin der Volksoper Wien, mit der »Normstatisten-Schablone«

Ganz ernst gemeint hingegen ist der Begriff für das Guckloch, durch das die Behördenvertreter (Polizei und Feuerwehr) von ihren Plätzen neben der Bühne aus das Geschehen verfolgen können: Es handelt sich um die »Behördenöffnung«.

Einem – nicht weniger originellen – Missverständnis saß eine Gratiszeitung auf, nachdem Franz Welser-Möst sein Amt als Generalmusikdirektor quittiert und 34 Abende unbetreut gelassen hatte. *Heute* meldete: »Staatsoper sucht 34 neue Dirigenten«.

Der Regisseur Dietrich Hilsdorf äußerte einmal: »Ich mag keine abstrakten Inszenierungen. Wenn ich mit einer Frau schlafe, denke ich ja auch nicht an eine Vase.«

Und, wenn wir schon bei den Regisseuren sind: Wir wissen, dass dieser Berufsstand nicht jedermann glücklich machen kann. So mancher wird aber ganz gezielt ins Unglück gestürzt.

So erklärte einstmals Rudolf Jusits dem Ensemble sein Konzept für eine bevorstehende Inszenierung am Volkstheater. Der alte Schauspieler-Haudegen Rudolf Strobl begleitete die Ausführungen mit deutlichem, immer lauter werdendem Stöhnen.

Als Regisseur Jusits entnervt fragte, was denn diese Unmutsäußerungen bedeuten sollten, stöhnte Strobl auf: »I' versteh net, dass i' bei jeder Bretz'n* dabei sein muaß!«

Mein Professorenfreund Oswald Panagl war dabei, als ein prominenter Regisseur den Salzburger PEN-Club-Präsidenten Franz Mayrhofer sehr glücklich machte.

Im Kaffeehaus trafen die beiden Harry Kupfer, der dem PEN-Club ein Publikumsgespräch zugesagt hatte. Die bevorstehende Verhandlung der finanziellen Konditionen machte Mayrhofer zu schaffen: »Man weiß ja, diese Regisseure sind Millionengagen gewöhnt! Ob wir uns das leisten können?«

Panagl beschwichtigte, es werde wohl nicht so schlimm kommen.

Kupfer erschien, und nach der Klärung des Termins schritt Mayerhofer zur heiklen Frage: »Herr Professor, was erwarten Sie sich?«

Kupfer antwortete, es würde wohl ein spannendes Gespräch werden.

»Ich meine, was sind Ihre Vorstellungen?«

Kupfer, den Präsidenten wieder nicht verstehend, zählte seine nächsten Vorstellungstermine auf.

---

* Wienerisch für Flop.

Mayrhofer, dringlich: »Ich möchte sagen, was sind Ihre Konditionen … finanziell?«

Harry Kupfer wehrte ab – das Gespräch mache er natürlich gratis.

Darauf Mayrhofer, überglücklich und von plötzlicher Großzügigkeit beseelt: »Herr Professor, derf ich Ihnen noch auf a' Mehlspeis einladen?«

Noch ein Schlenker zum Sprechtheater: Fred Liewehr verkörperte den Theaterdirektor Striese in der Komödie *Der Raub der Sabinerinnen*, der Schauspieler Detlev Eckstein spielte die Rolle des Sterneck.

Striese hat in einer Szene überrascht auszurufen: »Ja Sterneck, was machen denn Sie da?«

Eines Abends überraschte Liewehr den Kollegen seinerseits, indem er rief: »Ja Eckstein, was machen denn Sie da?«

Ein sehr origineller Mensch war der Jazztrompeter Oscar Klein. Er erinnerte sich in einem Radiointerview an seine Frühzeit.

Damals hatte er noch in einer Band namens The Wonderfuls gespielt. Laut Oscar hießen sie nicht so, weil sie derartig wundervoll spielten, sondern »weil es ein Wunder war, dass sie nach so vielen Erfrischungen überhaupt noch spielen konnten!«

Man kann nicht alle kennen

Dem Kabarettisten Wolfgang »Fifi« Pissecker ist es passiert, dass ein Herr auf ihn zustürmte mit den Worten: »I' kenn Sie! Wer san Sie?« Fifi hat diese glorreichen Worte auch zum Titel eines Soloprogramms gemacht.

Nein, man kann nicht alles wissen und auch nicht alle Leute kennen – schon gar nicht alle, die sich für prominent halten. Der Volksopern-Betriebsrat Kammersänger Josef Luftensteiner hat das in eine klare Formel gekleidet: »Ihr habt's es gut, ihr kennt's mi' – aber wen kenn i'?«

Eine Hospitantin an der Oper Wiesbaden war mit dem Begriff »die Schwarzen« nicht vertraut. Sollte es Ihnen ebenso gehen: Das sind im Theaterjargon jene an der Produktion Beteiligten, die am Ende einer Premiere nicht in bunten Kostümen, sondern eben in unauffälligem Gewand vors Publikum treten, also die Angehörigen des Regieteams.

Als die bewusste Hospitantin bei andauerndem Premierenapplaus aufgefordert wurde, rasch »die Schwarzen« zu holen, ergriff sie den Arm eines afrikanischen Bühnenarbeiters und zerrte den Unwilligen auf die Bühne ...

Dass große Sänger auch postum beeindrucken, bewies mir ein Anekdötchen, das der Volksopern-Archivar Felix Brachetka einer dankbaren Besucherin der *Verkauften Braut* abgelauscht hatte (zum Verständnis sei angemerkt, dass von Mathias Fischer-Dieskau, dem Sohn des berühmten verstorbenen Baritons, die Bühnenbilder zu der Produktion stammten): »Wieder einmal eine positive Publikumsresonanz gestern. ›Vor allem der Fischer-Dieskau hat so toll gesungen!‹«

Oswald Panagl hat hier eine weitere Fischer-Dieskau-Story, spielend in Berlin, beizutragen:

> Zur Vorbereitung der Koproduktion von *Zauberflöte* zwischen Komischer Oper und Salzburger Landestheater im

Jänner 2000 wollten Regisseur Harry Kupfer und Intendant Lutz Hochstraate eine Akademie für die jungen Sänger einrichten, die »FiDi« leiten sollte. Ich diente als Dramaturg wieder einmal der Vermittlung zwischen den »Protagonisten« und machte einen Gesprächstermin zwischen uns Vieren im Haus des Sängers aus.

Meine beiden Partner, die große Scheu vor dem »Denkmal« hatten, bestellten wegen des erwarteten Straßenverkehrs schon sehr früh ein Taxi. Als wir aber lange vor der vereinbarten Stunde in der Lindenallee landeten, war guter Rat teuer. Man wollte auf keinen Fall zu früh erscheinen, andererseits war ein Spaziergang bei minus 15 Grad auch nicht gerade einladend.

Nachdem wir uns etwa eine halbe Stunde die Füße vertreten bzw. erfroren hatten, drängte ich zehn Minuten vor der verabredeten Zeit auf Antritt des Besuches. Als ich mich eben anschickte, die mir wohlvertraute Klingel zu betätigen, versteckten sich Kupfer und Hochstraate hinter meinem durch einen Wintermantel noch verbreiterten Rücken mit den Worten: »Gehen Sie voraus, Sie kennt er!«

Ebenfalls aus Panagls Hege ist der Satz eines Taxifahrers, der ihn zum sogenannten Lehár-Schlössl in Nussdorf fahren sollte.

Der Chauffeur war sich unsicher: »Lehár-Schlössl ... is' des a Heuriger? I' waaß nur den Plachutta, wo er is!«

Bleiben wir bei der Gastronomie*. Jahrzehntelang war der von den Novak-Schwestern geführte Gmoa-Keller ein Anziehungs-

---

* Ich kann ja mit diesem Begriff, der – wohl von »Astronomie« abgeleitet – so etwas wie »Magenkunde« bedeuten muss, eigentlich nichts anfangen.

punkt für Künstler aller Art. Mitzi tat Dienst in der Küche, Grete im Schankraum. Gretes Ruf »Mitzi, a Leber!« kündigte außerordentliche Gaumenfreuden, nämlich die berühmte gedünstete Kalbsleber, an.

Grete Novak hatte einen Hang zu Prominenten (zu Ausländern im Allgemeinen weniger), konnte aber auch nicht einen jeden (er)kennen. So drückte sie einmal dem sehr distinguiert wirkenden Schauspieler Mathieu Carrière ein Extrapaket Servietten in die Hand und meinte: »Sie schau'n mer aus wie a Saubartl.«

Zwei Mal Prawy, ein Mal Obonya

Ebenfalls in einem Restaurationsbetrieb, dem noblen Wiener *Sacher*, hat sich eine Geschichte zugetragen, die mir der dortige Oberkellner anvertraute. Den Stammgast Marcel Prawy kannte natürlich ein jeder, doch kannte sich der Opernprofessor selbst nicht immer, wenn er von seinen Gedanken fortgetragen wurde.

So wandte sich Prawy einmal nach seinem Mittagsmahl mit einer überraschenden Frage an den Kellner: »Sag mir, Liebster, hab ich schon gegessen?«

Der Angesprochene antwortete pflichtschuldigst: »Jawohl, Herr Professor.«

Nach einigen Augenblicken des Sinnierens hakte Prawy nach: »Und, hat es mir geschmeckt?«

Wenn wir schon bei Marcel Prawy sind, dürfen wir ihn nicht so schnell verlassen. Diese Anekdote von einer TV-Opernreise wurde mir jüngst von Prawys damaliger Assistentin zugetragen.

Das Fernsehteam war in Bungalows zur Nachtruhe untergebracht, jener der jungen Assistentin lag neben dem des Alt-

Dieses Foto mit Einzi Stolz und Marcel Prawy beweist, dass ich 1990 eine Dürreperiode hatte.

meisters. Plötzlich schollen aus Prawys Behausung unartikulierte Rufe, die sich schließlich zur Klage materialisierten: »Ich kann nicht mit dem Duschknopf umgehen! Hilf mir Kindchen, komm herüber!«

Nachsatz des Hochbetagten: »Keine Angst, Kindchen, wirst nicht vergewaltigt.«

Cornelius Obonya gab, noch bevor er zu *Jedermann*-Ehren gelangte, einen Leseabend in der steirischen Provinz. Zahlreiche Plakate mit Obonyas Namen und Konterfei zierten die Veranstaltungshalle. Ein junger Radiojournalist suchte den Künstler in der Garderobe auf und machte ein routinemäßiges Interview.

Sehr eingehend dürfte sich der Berichterstatter allerdings nicht auf das Gespräch mit dem Burg-Schauspieler vorbereitet haben, denn bevor er den Hinausweg durch einen mit Obonya-Plakaten geschmückten Flur antrat, vergewisserte er sich nochmals der Identität seines Gegenübers: »Äh, Sie sind ...?«

»*Es gibt keine kleinen Rollen!*«

Dies ist der tröstliche Satz, der in Sänger- oder Schauspieler-Ensembles gestreut wird, wenn der Unmut zu brodeln beginnt: Der/die hat ja viel mehr Sätze als ich ... Warum bin ich eigentlich nicht der Hamlet, sondern nur ein Totengräber ... etc.

Denselben Satz vernahm auch der aus Elberfeld stammende Anfänger Ewald Balser von seinem Schauspiellehrer. Es folgte der unvermeidliche Zusatz: »... es gibt nur kleine Schauspieler. Jede Rolle, und sei sie noch so klein, braucht einen guten Schauspieler. Bestes Beispiel: der große Mitterwurzer. Friedrich Mitterwurzer hat am Burgtheater Hauptrollen wie den Mephisto gegeben, aber er war sich nicht zu gut, bei der Uraufführung von Schnitzlers *Liebelei* den Fremden Herrn zu spielen, mit nur einer Szene. Es war ein riesiger Triumph für ihn.«

Die Geschichte vom »großen Mitterwurzer« beeindruckte Balser, und als er 1928 ans Wiener Burgtheater engagiert wurde, beschloss er, der Geschichte auf den Grund zu gehen. Was hat die überragende Wirkung der Szene damals, 1895, ausgemacht?

Balser fand einen Zeitzeugen: »Ja, der Mitterwurzer, ein ganz Großer! Wie er da herausgekommen ist als Fremder Herr, in seinem schwarzen Paletot, wie eine Statue ...«

Und noch einen Zeitzeugen: »Mitterwurzer – überwältigend. Und das Kostüm so irritierend – ein weißes Tennisdress.«

Und noch einen: »Natürlich erinnere ich mich an den Mitterwurzer in *Liebelei*. Mich hat am meisten beeindruckt, dass er in Straßenkleidern aufgetreten ist ...«

Balser beschloss, in der Kostümabteilung des Burgtheaters eine Klärung des Mysteriums herbeizuführen. Der große Mitterwurzer konnte doch nicht gut gleichzeitig im schwarzen Paletot, im weißen Tennisdress und in Straßenkleidern aufgetreten sein!

Ein bejahrter Garderober wurde gefunden, der zu Ende des vergangenen Jahrhunderts schon Dienst getan hatte.

Balser stellte die Schicksalsfrage: »Was trug der große Mitterwurzer für ein Kostüm in *Liebelei*?«

»Ja wissen S', der Mitterwurzer hat g'sagt: ›Für die Scheißroll'n wer' i' mer ka Kostüm anziehen – da kumm i', wie i' bin!‹«

PS: Ob der wienerische Begriff »Wurzen« (für »kleine Rolle«) mit dem großen Mitterwurzer zusammenhängt, vermag ich nicht festzustellen.

Begegnungen mit den Genies

So viele Musiktheaterwerke auch gespielt werden, allzu selten hat man die Möglichkeit, ihren Schöpfern zu begegnen. Das liegt daran, dass die meisten bereits die Friedhöfe bevölkern. Umso glücklicher machte es mich, als ich im Jahr 2013 gleich zwei Komponisten-Genies begegnen und mit ihnen arbeiten durfte: Friedrich Cerha und Stephen Sondheim.

Cerha ist der Schöpfer der Musikalischen Farce *Onkel Präsident*, die im Juni 2013 in München uraufgeführt und im Oktober 2014 an die Volksoper übernommen wurde.

Beide Male hatte ich Professor Cerha bei Einführungsveranstaltungen zu Gast, die er mit seiner Weisheit und seinem feinen Humor adelte.

Auf die Frage, ob er denn vor einer Uraufführung immer noch

*Hausbesuch bei
Friedrich Cerha*

Nervosität verspüre, meinte er: »Ich habe schon eine gewisse Routine in Nervosität.«

Als ein Herr aus dem Publikum wissen wollte, was in Cerhas neuer Oper denn der absurde Humor für eine Rolle spiele, antwortete der betagte Tonsetzer bedächtig-verschmitzt: »Das Absurde ... das ist schon die Oper.«

Und auf die Frage, ob er schon ein neues Opernprojekt hätte, meinte Friedrich Cerha verschwörerisch – sodass man es einige Sekunden für wahr halten konnte –, auf seinem Schreibtisch befänden sich Skizzen zu einem monumentalen Nachfolgewerk der einaktigen Farce *Onkel Präsident*: »Ich arbeite am *Ring des Präsidenten*.«

Im September 2013 gab die Volksoper Wien erstmals Stephen Sondheims Musical-Thriller *Sweeney Todd*. Der Weg zu dieser Entscheidung war ein verschlungener gewesen. Direktor Robert

Meyer hatte zu mir gemeint, wenn wir einen Klassedirigenten wie Joseph R. Olefirowicz für die Saisoneröffnung 2013/14 zur Verfügung hätten, müssten wir auch ein anspruchsvolles Werk spielen – warum nicht *Sweeney Todd*?

Da Meyer das Werk nicht näher kannte, borgte ich ihm erst einmal die Verfilmung von Tim Burton, mit Johnny Depp in der Hauptrolle – ein im wahrsten Sinne des Wortes »bestechend« gut gemachter Spielfilm, in dem die Hälfte der Musik fehlt, aber jeder Gurgelschnitt, den der »Teufelsbarbier aus der Fleet Street« ausführt, in genussvoller Großaufnahme gezeigt wird.

Roberts erste Reaktion nach Ansehen des Filmes war: »Nur über meine Leiche!« Ich meinte, das ließe sich einrichten: Meyer solle einfach den Richter Turpin, Sweeneys Todfeind verkörpern und sich im Barbierstuhl hinrichten lassen!

Der gemeinsame Besuch einer ausgezeichneten Aufführung des Sondheim-Musicals am Londoner West End besiegelte schließlich die mutige Entscheidung dafür.

Gerne und mit Stolz erwähne ich, dass der Mut der Volksoper belohnt wurde und *Sweeney Todd* im Frühjahr 2015 den Österreichischen Musiktheaterpreis für die »Beste Produktion« gewann!

Ich darf IHN Steve nennen

Aber kehren wir zurück in die Vorbereitungszeit. Der Musikverlag ließ mich wissen, dass der Komponist – eine offizielle Einladung der Volksoper vorausgesetzt – gerne nach Wien kommen würde.

Ich lud ein ... und hörte einige Zeit nichts.

Plötzlich ein Mail, in dem sich Stephen Sondheim für sein langes Schweigen entschuldigte.

Dear Mr. Wagner-Trenkwitz – My apologies for not having replied to you sooner, but I'm still trying to settle my schedule for the rest of the year.

Nur Musical-Aficionados können begreifen, was es bedeutet, ein Mail von Stephen Sondheim zu bekommen. Gläubigen Katholiken mag es ebenso gehen, wenn sie in ihrer Mailbox eine Nachricht von einem gewissen Franziskus vorfinden.

Bald tauschten wir Mails über Flugdaten, eventuelle Allergien (relevant für die Verpflegung an Bord, aber: »No restrictions – thanks for asking«) und Unterbringung, sodass ich mich schon richtig vertraut fühlte mit dem Meister.

Als bekannt wurde, dass Mr. Sondheim soeben die Edward-MacDowell-Medaille erhalten hatte, schrieb ich beherzt, ich hätte noch nie davon gehört, aber wenn es so etwas wie die Andie-MacDowell-Medaille gäbe, würde ich sie gerne bekommen.

Eine einwöchige Mail-Abstinenz des Meisters empfand ich als Bestrafung für mein Scherzchen. Mittlerweile hatte ich nachgeforscht, dass Persönlichkeiten wie Thornton Wilder, John Updike, Edgar Varèse und Leonard Bernstein die MacDowell Medal erhalten hatten.

Ich entschuldigte mich und gestand, in der Nacht davor Einschlafschwierigkeiten gehabt zu haben angesichts der Frage, wie ich den Komponisten auf dem Flughafen begrüßen sollte. Und dass ich mich für »Welcome, Mr. Sondheim« entschieden hätte.

Bald erlöste mich ein Mail aus New York: »… please don't feel nervous. I'm very easy to meet and get along with, and I look forward eagerly to both the production and Vienna.« Und: Mein »Andie MacDowell remark« wäre »funny« gewesen. Und vor allem: Er unterzeichnete mit »Steve S« – somit durfte ich mich also fast als Du-Freund einer der größten Musical-Legenden des 20. Jahrhunderts fühlen!

Sondheim kam, offenbar frei von allem Aberglauben, am 11. September in Wien an. Eingedenk einer unangenehmen Episode mit der aus New York anreisenden Anna Moffo (ihr Flug war eine halbe Stunde zu früh angekommen, und als ich pünktlich erschien, fand ich nur eine Nachricht beim Information Desk vor, die Diva sei bereits auf eigene Faust mit dem Taxi nach Wien gefahren), war ich über-überpünktlich auf dem Flughafen. Eine Sonderlegitimation erlaubte es mir, direkt zum Flugzeugausstieg vorzudringen.

Mister Genie war verschlafen, sein grauer Bart zerstrubbelt, er trug ein ausgeleiertes Polo-Leiberl.

Ich sagte: »Welcome, Mr. Sondheim«, und er erkannte mich als seine Mail-Bekanntschaft. Eine seiner ersten Sorgen war die Garderobe: Er hätte gehört, Premierenbesucher in Wien zögen sich fein an, aber: »I did not bring a tie.«

Mr. Sondheim hatte, wie sich herausstellte, nicht nur keine Krawatte, sondern auch kein Hemd mitgebracht. Er wohnte der Premiere in einem (anderen) Leiberl bei, doch ich beruhigte ihn: »Schön anziehen müssen sich in Wien nur die, die das Stück nicht geschrieben haben.«

Sondheim war zauberhaft und pflegeleicht und blieb es – auch als bei seiner Ankunft sein Zimmer nicht fertig und die Begrüßungstorte an einen unbekannten Touristen verschenkt worden war.

Am Freitag, dem 13. (ich erwähnte schon, dass er nicht abergläubisch ist) September 2013, gab er eine Pressekonferenz, bei der ich dolmetschen durfte und wo jenes Foto entstand, das ich mir später von ihm signieren ließ.

Ob ich sicher sei, dass ich dieses Bild gut finde, fragte er mich;

ich sähe darauf aus wie ein »airhead«. Das ist nicht leicht zu übersetzen, bezeichnet aber in etwa einen Menschen, in dessen Schädelinnerem die Luft vorherrscht (siehe Abbildung im Farbteil).

Ich fand und finde, mein Gesichtsausdruck spiegelt perfekt mein über den Wolken schwebendes Gefühl in Anwesenheit von Mr. Sondheim – mittlerweile durfte ich ihn auch noch »Steve« nennen – wider.

Der Widmungstext verdient eine Erklärung. Nach der Premierenfeier zum triumphalen *Sweeney Todd* warteten wir auf ein Taxi, und plötzlich eröffnete mir der selige und vom guten Wein sehr gelöste Stephen Sondheim, ihm wäre ein Reim auf meinen Namen eingefallen: »Christoph, I'm pissed off.«

Ich bestand darauf, dass er diese Exklusivschöpfung auf einem Bild verewigen müsste. Er tat es, allerdings in freund-

Steve, Emily, Jenny, Alina und der stolze Vater (von nur zweien der Abgebildeten)

lich abgewandelter Form, dass er nämlich nicht »pissed off« (also »sauer« auf mich), sondern »merely grateful«, einfach dankbar war.

Broadway-Legende bei Blunzenradeln

Einziger Wermutstropfen für Steve (ja!) war, dass er an einer nicht ganz ausgeheilten Verletzung der rechten Hand laborierte und sich in Wien insbesondere zwei Bedürfnissen der Fans entgegensah: Händeschütteln und Autogramme schreiben!

Die Stunden mit Sondheim waren reich an Geschenken. Als ich ihm mein »einziges Laster«, das Rauchen, gestand, winkte er ab: »Come on, if this is your only vice, you need help.« (»Komm schon, wenn das dein einziges Laster ist, brauchst du Hilfe.«)

Sondheim erzählte über klassische Musik (»Rimsky-Korsakov klingt genauso anspruchsvoll wie Ravel, kann aber von jedem Mittelklasse-Orchester gut gespielt werden«), analysierte selbstkritisch seinen *Sweeney Todd* (»Die Richterszene ist mir nicht wirklich überzeugend gelungen. Aber wenigstens versteht man, dass nicht Gott die Katholiken bestraft – sie tun es selber.«) und andere Werke (»Das Musical *Do I Hear a Waltz* funktioniert nicht – es ist wie ein sehr schönes totes Baby.«)

Bei einem Heurigenbesuch mit der ganzen Kompanie ließ sich der Meister Blunzenradeln und Grammelschmalzbrot schmecken und servierte dazu noch eine herrliche Broadway-Anekdote: Sein Musical *Passion* handelt von unerklärlicher leidenschaftlicher Liebe gegen jede Vernunft; es beginnt damit, dass eine nackte Frau auf einem Bett liegt. Die darauffolgende Handlung bringt eine Vielzahl von Eindrücken – doch Barbra Streisand hatte nach der Uraufführung nur ein praktisches Detail im Sinn: »That naked lady ...«, wandte sie sich an den Komponisten.

Was sei mit der Nackten, meinte Sondheim.

Barbra präzisierte: »Where did she put the mike?« (»Wo hatte sie das Mikrofon?«)

Auf der Fahrt zum Flughafen empfahl Stephen Sondheim meiner Frau und mir das Zweipersonen-Musical *I Do, I Do!* zur Aufführung. Und wenn wir jemals nach New York kommen würden, dann wären wir seine Gäste: »We will wine and dine you.«

Die Einladung zu Mehrgängigem wurde mittlerweile zwar auf ein paar »Drinks« zurückgeschraubt, aber nicht einmal diese einzunehmen hatten wir bis jetzt Gelegenheit. Ich muss dringend nach New York!

»Kaum kann ich ihn verstehen!«

Übersetzungsprogramme sind ein unerschöpflicher Born von Heiterkeit, das habe ich im letzten *Schwan* schon an einigen Exempeln bewiesen.

Auch nicht zu verachten sind Rechtschreibprogramme. Am engstirnigsten sind jene, die ihre zweifelhaften Dienste am E-Mail tun, sie kennen nicht einmal verbreitete italienische Vornamen.

Als ich über den großen Verdi schrieb, bot mir das gute Rechtschreibgewissen an, »Giuseppe« in »Gestapo« zu ändern. Der Operettentitel *Gasparone* wurde auch nicht geduldet, der Alternativvorschlag war »Gaspatrone«.

Mir wird nie einsichtig sein, was der Gentleman mit den vielen Namen von der allseits geschätzten Kammersängerin Sigrid Martikke eigentlich begehrte. Dies war seine Nachricht an die Regiekanzlei der Volksoper:

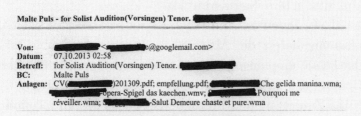

Hallo!

Hier ist Tenor.
Ich war 15,07,1982 in Südkorea geboren.

Sind Sie auf der Suche nach einem Tenor wie ein Schreien Sterne? *E gridevan le stelle*
Hier bin ich.

Ich möchte Vorsingen zu Ihrem Theater haben und schicke ich meine Lebenslauf, Foto, mp3
Ich studierte an der Stuttgart Musikhochschule für Master-Abschluss .
Vielen Dank.

Hello!
this is Tenor.
I was born 15,07,1982 in South Korea.
Are you Looking for a Tenor like a shouting star!?
Here am I.
I want to have audition to your theater.
Please check the attached files.
I studied in Stuttgart Musikhochschule for master degree.
Thanks.

Schuld ist nur das Übersetzungsprogramm, wobei schon »Shouting Star« falsch ist (es sollte wohl »Shooting Star« heißen). Volksopernkollegin Helene Sommer hat dazu handschriftlich die Cavaradossi-Arie frei variiert.

Um Mrs. liefern: Sigrid Martikke
Ich danke Ihnen von und zu der Person, die diese Bekanntmachung liefert die Absender. – In etwa 84 Jahren ist die Dame empfangen Sigrit Martikke zusammen mit der Gruppe der Beteiligung Rosario Foundation Auditorium große Zuneigung und Freundschaft mit ihr, wenn möglich Weiterleitung du meinen Namen Hairton Wanderley Amerillo oder Facebook [...] aus bereits thank you very much.

Verständnislosigkeit – wenn auch nicht durch ein Übersetzungsprogramm, sondern durch mangelnde Übersetzung hervorgerufen – herrschte, als der Tenor Alfredo Kraus an der Volksoper in der Rolle des Tonio in Gaetano Donizettis *Regimentstochter* gastierte. Die Produktion lief in deutscher Sprache, der internationale Star jedoch sang französisch.

Ein Moment großer Heiterkeit im Publikum begab sich, als der Chor auf eine im wunderschönen Original vorgetragene Tenorphrase textgemäß antwortete: »Kaum kann ich ihn verstehen!«

Auch Journalisten verstehen nicht immer alles, dürfen es sich von Berufs wegen aber nicht anmerken lassen. Nicht ganz gelang dies einem mit dem Werk von Richard Strauss wohl wenig vertrauten Südamerikaner. Er hatte den Dirigenten Franz-Paul Decker anlässlich eines Südamerika-Gastspiels zu interviewen und stellte unter anderem die Standardfrage: »Welches ist Ihr Lieblingskomponist?«

Decker antwortete schmunzelnd: »Dazu kann ich nur sagen: Meine Töchter heißen Arabella und Daphne.«

Der Journalist, irritiert: »Das war nicht meine Frage.«

Der Dirigent Wolfgang Gröhs bescherte mir folgende hübsche Sprach-Anekdote (vor allem aber drucke ich die Zuschrift wegen ihres unwiderstehlichen Einleitungssatzes ab):

Mit großer Begeisterung und Tränen vor Lachen las ich Ihr neues Buch. Zum Thema »Übersetzungsprogramm« möchte ich Ihnen ein selbst erlebtes Fremdsprachenproblem berichten.
Ich dirigierte oft in der rumänischen Stadt Arad. Im Hotelrestaurant fiel mein Blick auf die Speisekarte: Truthahngerichte, auf Rumänisch: »preparate din Turcia« wurden in (fast korrektes) Englisch als »Preparations from turkey« übersetzt.
Die deutsche Übertragung aber lautete: »Die Vorbereitungen der Türkei«.
Ich habe dann ein Steak bestellt, und das heißt auf Rumänisch »musci« ... Ich will gar nicht wissen, was dem Übersetzungsprogramm dazu eingefallen wäre!

Und wenn wir schon beim Rumänischen sind (einer Sprache, die ich trotz eines knappen Jahrzehnts Dienst für Ioan Holender nie auch nur entfernt erlernt habe), möchte ich Ihnen auch die folgende Zuschrift nicht vorenthalten.
Am 18. November 2014 stellte ich im Radio Überlegungen zum schwer herleitbaren Begriff »Remasuri« an. Anlass dazu war die beliebte Nummer *Draußt in Hietzing gibt's a Remasuri* aus *Wiener Blut* von Johann Strauß.
Herr Dipl.-Ing. Johann Dobiaß, ein besonders aufmerksamer und gebildeter Hörer, bedachte mich mit einem ausführlichen E-Mail:

Ihre heute am Ende des *Pasticcio* gemachte Bemerkung über die »Re/amas(s)uri« und deren etymologische Herleitung hat meine kleine graue Zelle in Rotation versetzt, denn so was Ähnliches habe ich auch schon einmal gehört.

Und siehe da: Der heilige *Duden* verzeichnet: »Re-ma-su-ri, die – Wortart: Substantiv, feminin – Gebrauch: österreichisch umgangssprachlich – Verwandte Form: Ramasuri – Bedeutung: großes Durcheinander, Wirbel – Betonung: Remasuri – wohl rumänisch (mundartlich) ramasuri = Durcheinander, Allerlei.«

So weit, so gut.

Meine bescheidenen Rumänisch-Kenntnisse führen mich allerdings zu folgender Herleitung:

»RĂMÁS, (2, 3) rămasuri, s. n. 1. Faptul de a rămâne, rămânere. ◊ Expr. Rămas bun! sau bun rămas! formulă de salut adresată de o persoană care pleacă celui sau celor care rămân. ... 2. (Reg.) Rămășag. 3. (înv.) Moștenire. – V. rămâne.«

Übersetzung: der VERBLEIB, die Verbleibe, Substantiv, neutral (im Rumänischen; Anm.) 1. Der Akt des Verbleibens, Verweilens. ◊ Redew. »Verweile gut!« oder »Guter Verbleib«! Grußformel, die eine Person, die jemanden oder andere verlässt, an den- oder diejenigen, die bleiben, richtet. ... 2. (Reg.) Hinterlassenschaft, Rest. 3. Verlassenschaft, Erbe. – Verb: bleiben (rămâne).

Wie kratze ich da die Kurve zu »unserer« Remassuri? Folgendermaßen: Ich behaupte keck, das heißt, in der Abfolge der Tagesordnung: »Allfälliges«, im Sinne von: Verbleibendes, Unerledigtes, Übriges. Überbleibsel.

Nix ist's also mit dem Durcheinander; die Remassuri ist einfach der noch unerledigte, gesellige Teil der Tagesordnung.

Danke, Herr Dipl.-Ing. Dobiaß. Noch Remasuri-Fragen?

Töchter und Zwillingsbrüder

Meine erstgeborene Tochter wählte zu meiner großen Freude als Maturafach Musik, und als Spezialgebiet Musical. Weil ich ihr mit Begeisterung unter die Arme griff, empfahl sie mir eine Mitschülerin, die Hilfe im Fach Musik benötigte.

Wie dringend, wurde mir erst klar, als ich die schriftliche Arbeit der Matura-Aspirantin aufschlug. Sie hatte als Spezialgebiet die italienische Oper zur Mitte des 19. Jahrhunderts gewählt und gab als Quelle für Verdis *La traviata* den Roman des Alexandre Dumas so an: *Die Dame mit den Kamelen*. Ich beeilte mich, der jungen Dame mitzuteilen, dass das Leben und Sterben der Violetta Valéry in Paris und nicht in der Wüste stattfindet.

Die Tochter der Sängerin Christine Schäfer war es gewöhnt, dass die Mama in alle möglichen und unmöglichen Rollen schlüpft. Als die Sopranistin Schuberts *Winterreise* studierte und intonierte »Wo find' ich eine Blüte, wo find' ich grünes Gras?« fragte der Spross interessiert: »Mama, bist du da ein Pferd?«

Robert Meyer hat einen Zwillingsbruder. Das ist manchmal unterhaltsam, manchmal praktisch (wir haben angeregt, Simon Meyer könnte als Double für alle möglichen Repräsentationsaufgaben herangezogen werden), manchmal verwirrend.

Unvergesslich der Disput unter irritierten Volksopern-Billeteuren, ob der Direktor nun seine Loge soeben verlassen habe oder noch drinsitze…

Als Bruder Simon knapp nach Ausbruch der Burgtheater-Krise anno 2014 auf der Wiener Ringstraße spazierte, kam ihm ein Herr entgegen, der ihn fixierte und schließlich ansprach: »Also wirklich, Robert, grüßt du mich nicht mehr?«

»Verzeihung, ich bin Simon Meyer, der Zwillingsbruder. Und Sie?«
»Matthias Hartmann.«

Zu derselben Zeit durfte ich für Boris Eder, der den Zirkusdirektor Springer in Friedrich Smetanas *Die Verkaufte Braut* darstellte, ein paar Zeilen Sprechtext liefern. Natürlich nahmen sie auf aktuelle (kultur-)politische Vorkommnisse Bezug.

Die erste, vornehmste Aufgabe eines Direktors ist es, ein bunt zusammengewürfeltes Ensemble vollkommen durcheinander zu bringen und gegeneinander auszuspielen, um Unmögliches möglich zu machen.
So wie unsere Bundesregierung, nur umgekehrt: Die macht alles Mögliche unmöglich ... Aber im Moment darf man nicht zu streng sein mit unseren Politikern, weil sie leiden unter budgetärer Atemnot ... sie hypoventilieren!

Darauf folgte regelmäßig eine absichtlich verhunzte Trompeten-Fanfare, die der Zirkusdirektor abfällig kommentiert:

No, das kann ja nix werden, wie der sein Instrument schon hält ... Herr Kollege, Sie brauchen eine bessere Haltung ... oder, wie der Engländer sagt: eine bessere Holding!
Apropos, ich hab mich ja noch gar nicht namentlich vorgestellt. Mein Name ist Springer ... ja wirklich, Sie können im Programmheft nachschauen.
Was, Sie haben kein Programmheft gekauft? Holen Sie das bitte, bitte nach der Vorstellung noch nach, es dient einem guten Zweck: Der Reinerlös der Volksopern-Programmhefte kommt dem Burgtheater zugute – die können jeden Kreuzer brauchen!

Das künstlerische Restgesicht

Kultstatus unter Opernfreunden genießt der unten wiedergegebene Text. Es handelt sich um eine sogenannte »Ansage« – Sie wissen schon, jene möglichst würdigen, aber nicht allzu faden oder trübsinnigen Worte, die vor geschlossenem Vorhang abgegeben werden, wenn an der nachfolgenden Vorstellung irgendetwas faul ist.

Karajan konnte komisch sein: Hier demonstriert er dem Rosenkavalier-*Mariandl Agnes Baltsa, wie sehr sie dem Ochs auf die Nerven geht.*

Ich habe das (von Michael Lewin so benannte) Amt des »Beschwichtigungshofrates« an der Wiener Staatsoper selbst einige Jahre bekleidet, aber so eine Katastrophen-Kollektion, wie sie Bundesminister Heinrich Drimmel vor der Festaufführung des *Don Giovanni* mitten in der Ära Karajan, am 28. Februar

1959, zum Besten gab, dürfte Einmaligkeits- und Ewigkeitswert besitzen:

Die Direktion der Wiener Staatsoper hat mich gebeten, Ihnen Folgendes mitzuteilen:
Durch die in Wien grassierende Grippe waren folgende Dispositionen notwendig geworden, um die Vorstellung überhaupt durchführen zu können.
1.) Herr Kammersänger Dermota singt, obwohl er an Grippe erkrankt ist, die Partie des Don Ottavio. Die zweite Arie entfällt aus diesem Grunde.
2.) Die Donna Anna wird von Claire Watson erstmalig in Wien gesungen. Durch anderweitige Verpflichtungen der Dame konnte sie erst diesen Nachmittag in Wien eintreffen. Sie lässt sich entschuldigen, wenn sich musikalische oder szenische Unstimmigkeiten ergeben sollten.
3.) Durch die Absage von Frau Traute Richter war die Direktion gezwungen, Frau Montserrat Caballé aus Basel an die Staatsoper zu berufen. Sie kam mit der Swissair um 17 Uhr in Wien an. Weiteres siehe unter 2.) Sollte sie die zweite Arie nicht singen, da schon die erste schlecht war, bittet sie um Entschuldigung.
4.) Herr Kammersänger Greindl lässt sich entschuldigen, da er, nach sechs Vorstellungen total ermüdet, erst um 15 Uhr mit dem Flugzeug aus Berlin kommend, in Wien eintraf.
5.) Frau Kammersängerin Lipp, die ebenfalls an Grippe erkrankt ist, singt aus kollegialen Gründen zwar die Partie der Zerlina, aber nur mit halber Stimme.
6.) Als gesund gelten in dieser Vorstellung Herr Waechter, Kammersänger Kunz und Dr. Pantscheff, die ihr Bestes tun werden, um der Vorstellung ein künstlerisches Restgesicht zu bewahren.

7.) Sollten sich musikalische und szenische Unklarheiten ergeben, so ist weder [dem Dirigenten] Herrn Hollreiser noch [dem szenischen Leiter] Herrn Witt eine Schuld anzulasten.

Zum Drüberstreuen noch ein Gustostückerl aus dem *Hamburger Abendblatt* vom 23. August 1996: »Und der Himmel hängt voller Geigen! Zumindest für Friederike Krum«, denn die »schöne Blonde mit den grünen Augen« durfte anlässlich der Hamburger Opernwoche dem Weltstar Plácido Domingo vorsingen. Nach Cherubinos Arie verlangte der Maestro etwas mit »mehr Höhe«, und wirklich: »Friederike trug die Tosca-Arie *Wie sie dachte* vor.«

Schwermütiges Postskriptum

Es heißt ja, dass die Kunst im Allgemeinen und die Musik im Besonderen die Menschen versöhnt und aus ihnen Brüder und Schwestern mache. Die Zuschrift eines ehemaligen Volksopern-Besuchers vom November 2014, die ich zur Beantwortung erhielt, ließ mich daran zweifeln.

Herr Lawrence F. schrieb aus Übersee, und ich belasse den Text im englischen Original, ohne ein Übersetzungsprogramm zu bemühen:

> During the summer of 1969 I was in Vienna with my then partner, an American girl. We were both students then. I think it relevant to say that we were both studying at the Hebrew University of Jerusalem (doing a year overseas sort of thing) though I was and am a British citizen as she was and is American.
> We were not rich students and we bought some tickets

for your Volksopera. We were in Vienna for about a week and on the night of the performance we turned up. Our tickets were not honoured. We were thrown out. I could see a couple about 20 metres behind your opera management watching carefully.
We were told by your management that you refused us admission and our tickets were removed from our hands. The important couple behind your management got our tickets. There was much gesticulation by the »manager«. His hands were flying out all over the place. How such as we could not come into his august institution. His English was not good, it was a mixture of English and German. But the message was clear.
I was only 18, maybe 19 and did not have the confidence and experience I have now. I think I gave up the tickets too easily. Anyway I just wanted to send you my hatred. Hatred from the bottom of my heart for what you did to us. It meant nothing to us then. But with the experience of years, it means a lot now. Fear not; I will never buy another ticket.

Nun, im Jahr 1969 war ich zarte sieben Jahre alt, arbeitete also noch nicht an der Volksoper. Kein Mensch wird je rekonstruieren können, warum der arme Herr F. auf so unsanfte Weise seine Karten einbüßte – und ob sich die Geschichte überhaupt an der Volksoper zugetragen hat, die im Sommer ja bekanntlich geschlossen hat. Ich konnte dem nach 45 Jahren noch Hasserfüllten nur empfehlen, den Weg der Vergebung einzuschlagen.

Und die Bitte um Vergebung richte ich bei dieser Gelegenheit auch gleich an meine Leserschaft, sollte das bisher Konsumierte Ihnen so gar nicht zusagen. Geben Sie mir eine neue Chance mit dem nächsten Kapitel!

Nochmal Opernball
… und andere Streiche mit Karl Hohenlohe

Es wurde wiederholt konstatiert: Gemeinsam sind Karl H. und Christoph W.-T. prominent. Aber es kann nur einen geben – nur einen Opernball pro Jahr nämlich. Darin gleicht dieses »Zeltfest der Hautevolee« (© Hohenlohe) ganz den hochheiligen Weihnachten.

Ich muss sofort um christliche Vergebung ansuchen, wenn ich den Höhepunkt des Faschings in einem Atemzug mit dem

Mit Kari begegnet man den tollsten Leuten, wenn sie manchmal auch nur zweidimensional sind.

Wiegenfest des Erlösers nenne – selbstverständlich unterscheiden sich diese beiden Ereignisse an metaphysischem Gehalt (bei Weihnachten ist er sehr hoch zu veranschlagen, bei der Tanzveranstaltung gleich null, wenn nicht sogar im Minusbereich). Aber unser aller Christfest hat sich nun einmal von der »stillsten Zeit im Jahr« zum aufgeregten Wunsch- und Punsch-Marathon mit allgemeinem Kaufzwang entwickelt, das rückt es in beklagenswerte Nähe zum wenige Monate später ausbrechenden Opernball, »und ich begehre, nicht schuld daran zu sein« (© Matthias Claudius).

Also erkunden wir in keineswegs gotteslästerlicher Absicht die Ähnlichkeiten.

Wie Weihnachten!

Ein Mal im Jahr geduldiges Warten, hier »Advent« genannt, dort »Vorausberichterstattung«; hier ist man auf die Gaben gespannt, die dem Sack des Weihnachtsmannes entkollern, dort auf das semiprominente Christkindl, das der Opernball-Nikolo Richard Lugner aus dem Hut zieht. Dann die große Nacht, beide Male mit Lichterglanz und Pflanzensegen verbunden.

Hierin unterscheidet sich bei genauerer Betrachtung das religiöse vom Society-Event. Denn während das erstere mit dem stets gleichen Tannenbaum aufwartet, schenkt uns Salzburgs grüner Däumling Jörg Doll seit der Jahrtausendwende immer neue florale Balldekorationen. Und ich mutiere ein Mal im Jahr plötzlich zum Experten für zwei Themenbereiche, die mich die restlichen 364 Tage kaum beschäftigen: Ballett und Blumen.

Die Expertenschaft für letztgenannte Materie hat mir sogar den Ehrentitel »Deflorist« eingetragen, zudem Hohenlohe-Kolumnen wie die folgende:

Magister Christoph Wagner-Trenkwitz, der sich nun schon seit Jahrzehnten fast an seine senile Bettflucht gewöhnt hatte, konnte diese Nacht noch weniger schlafen als sonst. Unruhig warf er sich hin und her und malte sich die in ein paar Stunden stattfindende Opernball-Pressekonferenz in schillerndsten Farben aus. Er war aufgeregt, sehr aufgeregt. Nein, nicht das Dirigat, die schönen Sängerinnen, die Tanzeinlagen und die unzähligen Sponsoren mit ihren Sachleistungen rauben ihm ein Mal im Jahr den Verstand; es war die Opernball-Flora, die ihn wieder schwer atmen ließ. Was würde heuer geboten? Die ihm so lieb gewonnenen Hyazinthen, blassblaue Veilchen oder rote Nelken, die er insgeheim als derb bewertete?

Mag. Wagner-Trenkwitz, normalerweise eher den Sukkulenten* zugewandt, träumte von einer Pflanze. Hätte man ihn gefragt, hätte er vermutlich gestanden, dass ihn in diesem Jahr die Lilie am ehesten betören würde, aber das Leben ist kein Wunschkonzert, und natürlich hat ihn niemand gefragt. Während der Pressekonferenz rutschte er unruhig auf dem Sesselchen, wischte sich die Stirn und die Sponsoren mit den Sachleistungen zur Seite, und dann geschah es. Die Opernball-Mutter, Frau Desirée Treichl-Stürgkh, hielt nicht länger mit Details zum Blumenschmuck hintan und gab endlich die Blumen des Opernballs 2015 bekannt: Lilien.

Wagner-Trenkwitz strahlte, ein Bach von Chlorophyll lief in seinem Mund zusammen – der Opernball kann kommen.

---

* Sollten Sie auch nicht genau wissen, was das eigentlich heißt: Das Wort kommt vom lateinischen succulentus (= saftreich). Damit wollte der Herr Kolumnist suggerieren, dass ich Kakteen-Fan bin.

So blühen mitten im Winter auf einmal nächtens die Lilien, die Allergiker machen gute Miene zum tränenden Auge, retten sich in die Devise »Jede Freude ohne Alkohol ist künstlich« – und schon sind wir wieder bei der Parallelität zu Weihnachten, einem Anlass, den ebenfalls viele nicht ohne eine solide Promille-Basis überstehen würden.

Wir erleben da wie dort bunt verpackte Objekte, hier die Geschenke, dort die Damen (wobei sich der Drang, Letztere auszupacken, zumeist in Grenzen hält). Und kaum ist das respektive Spektakel (in Wien sprich: »reschpektive Schpektakel«) vorbei, resümiert man ermattet, aber erleichtert: Ein Mal im Jahr genügt.

Nein, ein zweites Weihnachten wäre so undenkbar wie ein zweiter Opernball, wenngleich ein grundlegender Unterschied auch nicht verschwiegen werden soll: Während uns Jingle Bells Nr. 2 finanziell ruinieren würde, erbrächte das Remake des Balls der Bälle eine erhebliche Besserung der Ertragslage für die Herren Kommentatoren, also für Hohenlohe und Ihren sehr Ergebenen.

Der Opernball beantwortet wesentlich mehr Fragen, als er aufwirft. Man forscht ja nicht aus eigenem Antrieb, wer sich aller für wie wichtig hält und mit welchen noch so ausgefallenen Mitteln der- oder diejenige die eigene Bedeutung herauszustellen bereit ist. (Außer, man ist Sir Peter Ustinov; dann kreiert man Sätze wie den folgenden: »Ein Dekolleté ist dann geglückt, wenn man nicht weiß, ob die Dame schon im Kleid drinsteckt oder im Begriff steht, es zu verlassen.«*) Man grübelt nicht, welche Toilettefehler, Interview-Unantworten, Busenblitzer und andere Peinlich-

---

* Ich danke Frau Liselotte Huber für den Hinweis auf dieses schöne Zitat.

keiten ins Licht der TV-Kameras drängen könnten. Ungefragt gibt der Ball hier in jeder Hinsicht »erschöpfend« Auskunft.

Dennoch bleibt Jahr für Jahr eine Handvoll Fragezeichen stehen, und die möchte ich nun ein für alle Mal beseitigen.

» Wie lange bereiten Sie sich auf den Opernball vor?«

Der große Marcel Prawy pflegte auf die Frage, welche Vorbereitungszeit er für eine Einführungsmatinee veranschlage, zu antworten: »70 Jahre und einen Tag.« Die »70 Jahre« waren die Lebenserfahrung des in der Wolle gefärbten Opernfans; der »eine Tag« diente dann zur Festlegung eines Ablaufs für die entsprechende Veranstaltung.

Diese Abbildung zierte auch schon einen früheren Schwan; aber so viel Ernst im Berufsleben kann nicht oft genug bewundert werden.

Beim Ball ist das Verhältnis etwas anders. Karl Hohenlohe und ich können nach eineinhalb Jahrzehnten Ball-Expertise antworten: »15 Jahre und eine Woche«. Die 15 Jahre rüsten uns mit Routine in spontanem Blödel-Unsinn aus, und in der einen Woche lassen wir uns mit Tonnen von beschriebenem Papier aufwiegen, dem wir alle möglichen Namen, Fakten und anderes unnützes Wissen entnehmen.

Nach dem Ball ist jedenfalls vor dem Ball – darin gleicht er mehr dem populären Kick-Sport –, und die Vorbereitung beginnt von neuem.

Eine weitere gern gestellte Frage taucht erst nach der Ballnacht auf und lautet:

»*Haben Sie sich schon vom Opernball erholt?*«

Nun, der Opernball ist nichts, wovon man sich erholen kann. Die Mitwirkung an diesem Ereignis begleitet mich das ganze Kalenderjahr wie eine unabstreifbare Aura. Mein kleines Quäntchen Ruhm, meine Wiedererkennbarkeit verdanke ich nur ihm. In den Köpfen jener, die mich wahrnehmen, taucht der Event denn auch mitten im Sommer und in entlegenen Weltgegenden auf.

Als ich im Sommer 2012 mit Familie die pittoreske Insel Island aufsuchte, durfte ich zwei Wochen lang in Anonymität schwelgen. Am Tag vor dem Abflug suchten wir die »Blue Lagoon« auf. Dieses Thermalbad in der Nähe Reykjavíks zeichnet sich durch die bläuliche Kieselerde aus, die man sich zur Erlangung eines vitalen Teints und glatter Züge ins Gesicht schmieren soll.

Dies tat ich natürlich, im warmen Wasser planschend, da sagte hinter mir eine Stimme mit wohlbekanntem alpenländischem Zungenschlag: »Mochn Sie sich scho scheen fürn Opernball?«

Die Hohenlohes sind eine lustige Familie, das beweisen unter anderem ihre Weihnachtskarten.

Österreich und seine liebste Ballübertragung hatten mich wieder, und kein Silicium-Sediment der Welt konnte die tiefen Furchen glätten, die diese unverhoffte Begegnung mit der Heimat in meinem Gesicht hinterließ. So geschieht es, dass man sich mit einem Mal auch am Ende des wohlverdienten Augusturlaubs *nicht* vom Opernball erholt hat.

Wenn Kari und ich – selten genug – in der Vor-Opernball-Zeit Interviewern oder Interviewerinnen (politische Korrektheit schreibt die Verwendung dieses Worts vor, ich gebe jedoch offen zu, dass ich es nicht entziffern könnte) in die Hände fallen, dann stellen diese zumeist eine Schicksalsfrage, die uns die gesamte Verantwortung für ein gelungenes Gespräch aufbürdet:

»Was gab es beim Opernball für Hoppalas?«

Leicht gestellt ist diese Frage, aber eine der heikelsten überhaupt. Denn wie soll man in diesem rauschenden Irrsinn das Hoppala vom Normalfall unterscheiden? (Ganz abgesehen davon, dass ich nicht weiß, ob »Hoppala« oder »Hopperla« die richtige Schreibweise ist.) Ist die Peinlichkeitsdichte einmal so hoch, dann weiß man nicht mehr, ob soeben etwas besonders hoppala-ig war. Was bedeutet »aus dem Rahmen fallen« bei einem entgrenzten Event wie dem Opernball? Wie viele Anlässe existieren sonst noch, bei denen die Pornoqueen bei der einen Tür hinausgeht und der Bundespräsident bei der anderen hereinkommt?

Apropos Bundespräsident: Hier habe ich ein echtes Hoppala für Sie, eines, auf dem Freund Hohenlohe unerbittlich herumreitet, seit es mir widerfahren ist.

Da trat das Staatsoberhaupt ins Bild, um für eine Nacht zum Staatsopernhaupt zu mutieren, jener Persönlichkeit, die unser aller Ehre schützt, weil sie den Ehrenschutz innehat, Bundespräsident Fischer also, und ich sagte: »Hier ist *Helmut* Fischer.«

Sofort schoss mir ein, dass der immer noch beliebte, aber 1997 leider verstorbene bayerische TV-Beau überhaupt nichts mit diesem Moment zu tun hatte, aber es war, wie bei Live-Übertragungen so üblich, zu spät.*

Kari jubilierte und behauptete fortan, ich hätte »Ottfried Fischer« gesagt (seit Neuestem besteht er darauf, es wäre ein

---

* Unser unvergessener Lieblingsdirektor Ioan Holender hat auch für diesen Umstand eine treffende Formulierung gefunden: »Ist der Furz einmal aus der Hose, lässt er sich nicht zurückholen.« Aber daran erinnere ich nur im Rahmen einer Fußnote, da ich den Begriff »Furz« nicht mit dem Bundespräsidenten in einem Absatz verewigen möchte. Es handelt sich also eigentlich um eine Furznote.

»O. W. Fischer« gewesen). Und es vergeht kein Ball, bei dem ich den Lapsus nicht von ihm serviert bekomme.

Hoppala Nr. 2 gefällig? Einmal passierte das Unfassbare: Das Opernhaus am Ring war fürsorglich mit Milliarden von Nelken geschmückt worden, und mir entkam das Wort »Tulpen«.
Ein Aufschrei ging durch die gesamte Republik, von dem mir noch lange die Trommelfelle surrten. Verständlich: Würden Sie einem Mann vertrauen, der Rosen, Tulpen, Nelken nicht auseinanderhalten kann?
Eine Rechtfertigung ist hier fast unmöglich; der Grund für den Fehler war – wenn Sie es überhaupt noch wissen wollen –, dass meine gähnend langweiligen Monologe über die Ball-Flora von uns traditionell »Tulpenreferat« benannt werden. Diesen Begriff schrieb ich also ganz oben und ganz groß auf den entsprechenden Zettel ... Schon war es geschehen (siehe dazu auch die Fußnote auf Seite 72).
Und es rettete mich nicht mehr, dass ich den von Carl von Linné der Nelke gegebenen botanischen Namen Dianthus (Zeus-Blume) kannte und wusste, dass »die im Kelch aufrecht stehende, gestielte Kapselfrucht eiförmig bis zylindrisch« ist, dass von Aberhunderten Nelkensorten an jenem Ballabend die großblütige Pigeon (dunkelrosa), Satisfaction (kirsch), Pearl Lady (hellrosa), Farida (hell-magenta) und Arielle (Bordeaux-rot) anwesend waren, nicht aber die rote Landnelke vom Rathausplatz, was Bürgermeister Häupl gefreut hätte; und dass Harald Glööckler extrem unglööcklich gewesen sein musste, hatte er doch einmal auf die Frage »Was käme Ihnen nicht in die Wohnung?« geantwortet: »Farnwedel. Und Nelken.«
Apropos Glööckler: Wir priesen den Gast als »Phantom der Oper«, denn dieser einzige Promi, den man mit zwei »ö« buch-

stabiert, hatte sich aus Anlass des Balls ein Wunderwerk von Straps-Steinen ... äh ... Strass-Steinen auf Stirn und Wangen picken lassen.

Nicht als »Hoppala« erachtete ich übrigens den Ausspruch, den wir anlässlich des Erscheinens dieses schrillen Modeschöpfers tätigten, das mit der Anwesenheit der Filmlegende Gina Lollobrigida zusammenfiel: »Das wird ein rührendes Wiedersehen geben. Gina hat ja Anfang der 1950er-Jahre mit Harald gedreht: *Der Glööckler von Notre-Dame*.«

Während wir eigene Peinlichkeiten zelebrieren, versuchen wir die Fehlleistungen der anderen möglichst diskret zu behandeln.

So äußerte die Opernsängerin Natalia Ushakova auf dem Red Carpet (das ist die blutrote Auslegeware, auf der alljährlich der Opernball schon vor seiner Eröffnung Gestalt annimmt) anno 2015: »Flexibilität ist Rezept gegen Tod.« Und: »Das Wichtigste ist Vielfaltigkeit.«

Die Begriffsschöpfung »Vielfaltigkeit« entzückte meinen Nachbarn Hohenlohe, aber ich verbat ihm ausdrücklich, darauf Bezug zu nehmen.

Bereut habe ich dies, als einige Stunden später die sogenannten »Botox-Boys« den TV-Schirm betraten. Sie zeichneten sich durch große Sonnenbrillen aus, rund um die eine makellos glatte Gesichtshaut erstrahlte.

Alfons Haider stellte ihnen folgende Frage: »Hat euch die Eröffnung nicht gefallen? Ihr habt keine Miene verzogen!« Dabei sah Alfons so unschuldig drein, dass ich nicht glauben kann, er hätte seinen Worten bewusst einen doppelten Boden gegeben.

Wie gerne hätte ich in diesem Moment auf Ushakovas »Vielfaltigkeit« Bezug genommen, aber die war längst Geschichte, und so durfte ich nur rufen: »Keine Miene verzogen? Können vor Lachen!«

Jetzt fällt mir doch noch eine Frage ein; auch mit ihr werden wir in Interviewsituationen regelmäßig konfrontiert:

> *»Worauf freuen Sie sich beim nächsten Opernball?«*

Sollte dahinter die babyleicht beantwortbare Frage: »Was ist neu am Opernball?« lauern, dann lautet die babyleichte Antwort: »Überhaupt gar nichts.«

Es gibt alljährlich viel Grund zur Freude auf das immer Gleiche – und nur wenig wirklich Neues. 2015 war neu, dass ich vorübergehend *TV-Media*-Kolumnist wurde. Folgendes hatte ich beizutragen:

Breaking News bei der Opernball-Pressekonferenz 2015: Die »Drei Lauser« feiern im Keller ihren 30. Ball! Hohenlohe und ich knuffen einander zärtlich in die Seite. Unsere Augen sagen: »Und wir, die zwei Lauser im Kammerl, sind zum 15. Mal dabei!«

Das nenne ich Internet-Berühmtheit!

Erinnerungen an unser erstes Mal werden wach: Mit vor Aufregung wippender Tolle würgte ich anno 2001 eine schüchterne Begrüßung in die Kamera, im stillen Kommentatoren-Kämmerchen komme ich zu mir. Mein neuer Freund Kari und ich schwadronieren über Blumen und Promis und sind fortan Stars für eine Nacht. Oder, wie meine siebenjährige Tochter Emily diagnostizierte, »in ganz Wien weltberühmt«.
Vieles wird heuer so sein wie immer. Wenn sich die Debütantinnenschar in zwei artige Reihen teilt, werde ich murmeln: »Hier gilt die Rettungsgasse.« Und ich höre schon den Karl hauchen, wenn der *Donauwalzer* das Zeichen zum Fluten des Parketts gibt: »Sie spielen unser Lied.«
Anderes ist brandneu: Elisabetta Canalis, kein Unterwelt-Geschöpf, sondern von Beruf Ex-Freundin George Clooneys, wird da sein. War diese Trennung wirklich nötig? Sie hätte mit dem glutäugigen Hollywood-Grautier einmarschieren können ... aber nein, so muss es der schwarzgelockte Baumeister mit dem traurigsten Blick des ganzen Balles sein. Worauf ich mich heuer am meisten freue? Da fällt die Antwort leicht: Zum ersten Mal werde ich Herrn Hohenlohe in aller Öffentlichkeit »Spatzi« sagen hören.

Sollte Ihnen nicht mehr präsent sein, was das drittletzte Wort des letzten Absatzes bedeutet: Richard Lugners Ehefrau hört (oder hörte?) auf diesen Kosenamen. Aber wenn Sie es nicht mehr wissen, machen Sie sich nichts draus. Das Tolle am Fernsehball ist ja, dass man neue Leute kennenlernt, die man tags darauf schon wieder vergessen kann. Für eine Nacht mutieren Hohenlohe & Wagner-Trenkwitz so zu Kim-Kardashian-Spezialisten oder Elisabetta-Canalis-Experten.

Zu Frau K. K. äußerten wir etwa im *TV-Media*-Interview 2014 (damals kannten wir sie noch):

Christoph Wagner-Trenkwitz: Frau Kardashian wird mein Leben bis zum Tage des Opernballs begleiten und dann wieder in der Versenkung verschwinden.
Karl Hohenlohe: Ich habe schon viel von ihr gehört, kann aber nicht sagen, wieso sie berühmt geworden ist.
CWT: Ich kann es dir aufzeichnen, aber leider jetzt nicht sagen, weil *TV-Media* ein anständiges Blatt ist. Ich glaube, es ist der tiefe Schwerpunkt, der sie berühmt gemacht hat.
KH: Viele Frauen und Männer haben einen tiefen Schwerpunkt und sind dennoch nicht berühmt geworden. Es ist ein Mysterium.

Jahrs darauf wurden wir mit einer neuen Schönheit konfrontiert, die angeblich eine persönliche Bekannte der erwähnten Kim ist – was den Baumeister tief besorgte: Hatte Kardashian die schöne Italienerin vor ihm gewarnt? Elisabetta Canalis also. Wir recherchierten mitleidlos und hatten bald alles unnütze Wissen angesammelt.

Das Sonnenlicht hatte sie in Sassari, der zweitgrößten Stadt Sardiniens, erblickt, ebenso wie der ehemalige KPI-Chef Enrico Berlinguer sowie Ritta und Christina Parodi, die berühmten siamesischen Zwillinge. Die Canalis hingegen ist ein Einzelkind. In Deutschland und Österreich wurde sie als Werbegesicht für eine kugelförmige Süßware bekannt, die sie offenbar selbst nicht isst, denn sie ist alles andere als kugelförmig. 2010 drehte sie den Film *A Natale mi sposo* (*Zu Weihnachten heirate ich*) – doch das war allzu optimistisch: Im Juni 2011 gaben Elisabetta und George Clooney ihre Trennung bekannt.

Und sie hat ein Tattoo* auf dem rechten Unterarm, einen Schriftzug, der vermutlich »Bad Ischl« lautet, aber so genau konnten wir das nicht erkennen.

Sehr genau erkennen konnte man anlässlich eines sogenannten »Busenblitzers« die rechte Reichshälfte ihrer Oberweite. Allerdings erst am nächsten Tage in den Zeitungen, da die Fernsehkameras in diesem segensreichen Moment leider schon abgeschaltet waren.

So, mehr wusste ich nie und werde ich nie wissen über Lugners Logengast anno 2015.

Noch eine Reminiszenz an den Opernball 2015: Plötzlich gerieten die Hauptdarstellerinnen von *Mamma Mia!* ins Bild. Ich verkündete daraufhin das (inoffizielle) Projekt der Vereinigten Bühnen Wien, ein Musical über die Mutter eines berühmten österreichischen Kabarettisten zu produzieren. Titel: *Mama Nia!*.

Der Lacherfolg dieses Bonmots hielt sich in engen Grenzen. Als ich aber einige Zeit später für Michael Niavaranis Erzeugerin Volksopern-Karten hinterlegte, bewies sie mir mit ihrem Dank-Mail, dass sie der Ballübertragung gelauscht hatte: »Lieber Christoph, herzlichen Dank für die super Karten. Liebe Grüße. Mama Nia.«

Fürst oder nicht Fürst?

Dass ich nicht im Mindesten adelig bin, habe ich in den vergangenen *Schwänen* bereits geoutet. Das hindert Freund Hohen-

---

* Ich wurde übrigens einmal im Rahmen eines *Seitenblicke*-Interviews gefragt, ob ich eine Tätowierung besäße; meine Antwort »Nein, ich war nie im Gefängnis« hat mir nicht nur Freunde gemacht.

lohe jedoch keineswegs daran, in akuter Kolumnen-Themen-Not Fragen wie die folgende zu stellen: »Steht er jetzt im *Gotha*? Wir wissen es nicht, und es bleibt ein Mysterium.«

Dabei sticht ins Auge, dass mein Freund für Kardashians Unterweite und Wagner-Trenkwitzens Adelsprädikat denselben Begriff – »Mysterium« – verwendet.

Nochmals: Ich nicht – aber er. Karl Hohenlohe kann auf einen jahrtausendealten Stammbaum hinauf- beziehungsweise hinunterblicken. Er weiß vermutlich 20 Generationen zurück die Vornamen aller seiner Verwandten, während unsereins schon beim Urgroßvater ins Stocken gerät ... Hans oder Franz? Kari aber ruft wie aus der Pistole geschossen »Chlodwig!« oder »Hadubrand!«, wenn man sein Wissen über das 17. Hohenlohe-Jahrhundert testet.

Einen kleinen Fauxpas aber habe ich wiederholt geliefert, als ich meinen Karl als »Fürsten« bezeichnete. Denn es darf sich nur der Papa oder, nach dessen Hinscheiden, der älteste Sohn dieses Titels erfreuen; Kari aber, der Zweitgeborene, ist »nur« Prinz.

Darauf wies mich kürzlich ein riesenhafter Herr hin, der sich als »Trauttmansdorff« zu erkennen gab (vielleicht der Erfinder des gleichnamigen Reises?): »Du nennst den Karl immer ›Fürst‹, dabei ...«, sagte er, duzte mich also. Das tun Adelige meistens mit mir, und ich habe noch nicht herausgefunden, warum: entweder, weil sie mich für gleichwertig betrachten – untereinander duzt man sich –, oder, weil sie mich als unterlegen von Geburt erkennen. Und Personen auf dem Niveau eines Kutschers duzt man eben auch.

Ich war also im Unrecht, als ich meine Hohenlohe-Erinnerungen im letzten *Schwan* als »Leben mit einem Fürsten« betitelte; und auch, als eine der mir liebsten, aus der Not der Minute geborene, Opernball-Anekdoten entstand.

Gegen Ende jeder Übertragung müssen wir für gewöhnlich fluchtartig unser Kammerl räumen, um auf schnellstem Weg zur Verabschiedung in der Mittelloge zu gelangen.* Das ist stets eine wilde, verwegene Jagd, vorbei an Angeheiterten, Kommunikationswilligen und Robenträgerinnen aller Arten. Karl ist die geborene Führerpersönlichkeit, stürmt also stets voran, bis er sich selbst eingesteht, dass sein Orientierungssinn nicht der beste ist – dann übernehme ich fliegend und transportiere meine kostbare Fracht auf schnellstem Wege in die imperiale Loge.

Bei einem Ball zischte mir Karl nach ein paar Metern in der Poleposition zu: »Du führst!«

Ich führte und extemporierte zur Verabschiedung: »Kari hat zu mir gesagt: ›Du führst‹, derweil ist er der Fürst!«

Nicht nur Huldigungen

Eines meiner bevorzugten Komplimente lautet: »Wenn *Sie* nicht wären, würde ich mir den Opernball nicht anschauen.« Es ist ein gutes Gefühl, für so viele Menschen ein Fernseh-Alibi darzustellen.

Neuerdings antworte ich darauf stets: »Gnädige Frau« – denn meistens handelt es sich um Damen –, »wenn ich nicht wäre, würde ich mir den Opernball auch nicht anschauen!«

Aber nicht immer haben die Seherinnen und Seher Positives abzugeben. Als ich einmal am Tage nach dem Opernball mit der

---

* Beim Ball 2015 verhielt es sich anders: Da fanden sich Mirjam Weichselbraun, Barbara Rett und Alfons Haider zum Finale in unserem unterirdischen Retiro ein. Nach Ende der Übertragung sah ich, wie Mirjam dem Kari eine Zehn-Euro-Note in die Hand drückte ... sie hatten gewettet, dass er sich bei der finalen Verabschiedung nicht getrauen würde, »Tschüssikowski« zu sagen. Doch er hatte es getan.

U6 fuhr (das soll man grundsätzlich nicht machen, aber schon gar nicht am Tag danach), warf mir ein äußerst heruntergekommener Fahrgast männlichen Geschlechts und mittleren Alters grußlos eine unwiderlegbare Feststellung zu:

»Se san der Trenkwitz ...«
»So ist es.«
»... van Opernball.«
»Genau«, erwiderte ich, und fühlte mich ein bisschen wie Beethoven. Nach einer mehrsekündigen Pause, während derer mich mein Gegenüber scharf fixierte und ich mich schon auf ein paar huldigende Worte einstellte, meinte er: »Schwoch ... intellektuell sad's es schwoch.«

Solche Episoden gehen natürlich nahe; aber wenn man der Menschheit per Live-Übertragung mitten ins Wohnzimmer geliefert wird, muss man auch damit leben, wie ein Familienangehöriger behandelt zu werden!

Zur Abwechslung wieder Freundliches. Der legendäre Hermes Phettberg schrieb anno 2002, also anlässlich unseres zweiten Opernballs, in seinem *Falter-Predigtdienst*:

> Große Oper, großer Jubel! Wie die Offsprecher Trenkwitz & Hohenlohe die nicht anzuschauenden blauen Krönchen verhöhnten! Ich liege! Sie scheppern, sie klimpern, sie bimmeln ... nein, dann scheppern sie eher. [...] Was bleibt, ist die Hoffnung auf widerborstige Menschen. Hohenlohe und Trenkwitz saßen am Dach der Oper und kommentierten die Übertragung: »Da ziehen die Künstlerinnen und Künstler ein unter Fanfaren ... da der große Prawy, am Jahresende

feierte er seinen Neunziger. Und da ist er jetzt noch einmal.«
Und es war auch atavistisch wie nur etwas, wie der greise
Prawy ein Alzerl langsamer ging als die Kohorte, die einzog,
und so dem Zug eine britische Würde verlieh.

Ach ja, der Künstlereinzug anno 2002! Ich erinnere mich hauptsächlich daran, dass wir gesagt haben: »Hier ist der Opernführer Marcel Prawy, seinerseits geführt von Senta Wengraf.«

Der namhafte Kabarettist Severin Groebner lobte uns für die Ball-Übertragung anno 2015 in seiner Kolumne in der *Wiener Zeitung* nicht ohne Zwischentöne:

> Der Opernball ist vorbei und Sätze wie ›Stehen kann er, aber tanzen kann er nicht‹ (die Moderatoren CWT und KH über einen verletzten Tänzer) hallen in einem nach. […] wurden die Debütanten von CWT und KH auf ihre wesentlichsten Merkmale reduziert: »Der Mann mit dem längsten Namen hat auch einen Rossschwanz.« […] Dazwischen gibt es Witze auf Augenhöhe mit dem Villacher Fasching, man kann aber auch alte Rechnungen begleichen: »Man kann über Holender sagen, was man will, aber er war ein irrsinnig guter Demotivationstrainer.« […] CWT hat nach der *ZIB 2* vergessen, sein Mikrofon einzuschalten. Aber dann geht es weiter: »Wir begrüßen auch unsere Zuschauer auf 3sat und hoffen, Sie haben noch nicht uns 2 satt.« […] KH und CWT fachsimpeln auf gewohnt hohem Niveau: »Helmut Berger wird verarztet. Man weiß nicht, ist er gefallen? Aber er saß ja schon.« – »Man weiß nichts Genaues, auch er weiß es nicht.« Aber bevor sich die Erkenntnis des eigenen Unwissens durchsetzt, ist Schluss. Am Ende steht zumindest eines

fest: »Kate Moss ist nicht gekommen, aber Naomi Campbell ist gegangen.« Kate Moss hatte recht.

Gerne gelesen haben wir 2010, dass wir Stars der Übertragung waren, weil wir ihr »jene ironische Distanz verleihen, ohne die sie ins Lächerliche abgleiten würde«. Bei dem schon zitierten *TV-Media*-Interview 2014 rückte Karl unsere vermeintliche Wichtigkeit dann wieder zurecht. Auf die Frage: »Bekommen Sie auch Besuch im Kammerl?«, erwiderte mein Kompagnon:

Karl Hohenlohe: Ja, es gibt Leute, die in unser Kämmerchen eindringen wollen. Leute, die nicht wissen, dass dort unser Kammerl ist. Die wissen aber, dass gleich neben uns ein Klo liegt, und klopfen während der Übertragung laut und minutenlang an unsere Tür.
Christoph Wagner-Trenkwitz: Du glaubst, dass diese Leute wissen, dass neben uns ein Klo ist?
KH: Warum sollten sie sonst klopfen?
CWT: Sie wissen nicht, dass *wir* da sind, aber ein Klo? Das Klo ist berühmter als wir …

»Walross im Opiumrausch«

Die ehrenwerte Tageszeitung *Der Standard* machte 2014 einen Kammerl-Sager immerhin zur Schlagzeile ihrer TV-Kritik: »Walross im Opiumrausch«.

Beim Anblick des Opernball-Plakates, zugleich Foto der Opernball-Skulptur, erinnerte ich mich an die Sammelleidenschaft meiner erstgeborenen Tochter. Alina sammelt Walrosse, und das milkalila-farbene Kunstwerk hatte einen Spitznamen weg, den wir in die Welt hinaustrugen. *Der Standard* notierte:

Auf die zwei ist Verlass: Als Christoph Wagner-Trenkwitz und Karl Hohenlohe in ihrem Kabäuschen das Ballplakat präsentierten, auf dem Krakenartiges herumschwirrte, setzten sie zu kühner Deutung an. Es sei dies »ein flüssiger Ziegelstein« oder »ein Walross im Opiumrausch«. Mirjam Weichselbraun vernahm die edle Frechheit, gab sie verkürzt weiter an den gekränkten Künstler Mario Dalpra, der prompt jenen kennenlernen wollte, der sein Opus einer Robbenart zuordnet. Hier bahnte sich also ein kurzweiliger Disput an, der jedoch nicht explodierte.

Der von uns frei assoziierte *Odobenus rosmarus* hatte es auch dem *Profil*-Journalisten Sven Gächter angetan:

Bei der traditionellen Opernball-Übertragung des ORF gibt es nicht wenige Momente, in denen man sich unwillkürlich wünscht, die Herren Stermann und Grissemann würden als Kommentatoren im Off ihr ätzendes Nachtwerk verrichten. Die stille Sehnsucht nach bildbegleitender Subversion ist jedoch unangebracht, denn immerhin gibt es die Herren Hohenlohe und Wagner-Trenkwitz. Sie beplaudern das hochtoupierte Festgeschehen schon viel zu lange, um noch den hohlen Eindruck vorzutäuschen, sie nähmen es auch nur eine Sekunde lang ernst. Das unterscheidet sie wohltuend von allen, ausnahmslos allen anderen Beteiligten, die permanent an der Grenze zur Hyperventilation entlangschrammen.
Wenn die beiden Kabinentäter das verblasene Plakatsujet interpretieren (»Walross im Opiumrausch«), über die blaublütige Hautevolee frotzeln (»Das ist er, der Hochadel: keiner unter zwei Metern!«) oder den ostentativ gelangweilten

Lugner-Mietaufputz Kim Kardashian aufs Korn nehmen (»So sieht wahre Begeisterung aus«), dann wird das heillos exaltierte Paralleluniversum in der Staatsoper kurz zur Kenntlichkeit entstellt.

»Die Welt verlangt den Schein«

Im *Standard*-Artikel forderte der Journalist (es handelte sich um meinen Studienkollegen Ljubisa Tošić) übrigens, uns beide endlich aus dem Kommentatoren-Kabuff herauszuholen und im Ballgetümmel zu positionieren. Das meinte er gewiss nett, für Karl und mich aber – da sind wir uns ausnahmsweise einig – wäre es die schlimmste Strafe. Das ist keine falsche, sondern eine durchaus angebrachte Bescheidenheit.

Apropos: Wie unerträglich bescheiden Freund Hohenlohe sein kann,[*] erwies sich wieder beim Ball anno 2015. Es war der Erste, der uns beide als Ordensträger hätte outen können. Er hatte seine Auszeichnung schon 2013, ich die meine erst 2014 erhalten. Nun wäre es an der Zeit gewesen, die Ehrenden (bei ihm der Bund, bei mir das Land Wien) durch sichtbare Anbringung der respektiven Pletschn zurückzuehren.

Beim Philharmoniker-Ball, den wir traditionell mit einem gemeinsamen Abendessen samt Ehefrauen eröffnen, schlug Martina Hohenlohe ihrem ordensscheuen Prinzgemahl vor, er möge seine Auszeichnung doch an der *Innenseite* des Fracks anbringen. Dann könnten wir durch kurzes Öffnen unserer Fräcke, wie noble Exhibitionisten, das Ehrengold aufblitzen lassen.

---

[*] Ich erinnere hier an den Ausspruch seiner klugen Frau Martina: »Kari verträgt kein Lob, außer es ist wirklich dick aufgetragen.«

Ich fand sogar ein geeignetes Grillparzer-Zitat, mit dem wir das untermalen müssten. Ein gewisser Rudolf äußert in *Ein Bruderzwist im Hause Habsburg*: »Die Welt verlangt den Schein. Wir beide nur, wir tragen innerhalb des Kleids den Orden.« Das hätten dann auch wir sagen können, aber der bockige Hohenlohe verweigerte die Mitnahme seines Ehrenzeichens ...

Chance vertan. Vielleicht beim nächsten Mal?

Ich habe unsere Ehefrauen erwähnt. Meine Verheiratung im Sommer 2011 stieß auf ein erstaunliches Medienecho. Ich verstand nicht, wieso sich die Welt wahnsinnig dafür interessiert, wenn zwei Menschen sich verehelichen, trug es aber mit dem guten Gefühl, dass ich mir auf diese Weise die Hochzeitsanzeigen erspare.

Auch der *Kurier* nahm sich die Geschichte vor und lud Kari und mich zum »Talk« über Ehe, Liebe und Treue. Mit dabei war ein Pressefotograf in vorgerückten Jahren, der, von unseren Ausführungen scheinbar ungerührt, seine Kamera betätigte.

Als seine Arbeit und unser Interview beendet waren, nahm er uns ins Vertrauen und bewies so, dass er sehr wohl Anteil genommen hatte. Er sei sein ganzes Berufsleben viel unterwegs gewesen – und er bezog dies augenzwinkernd nicht nur auf seine Reisen –, aber seine Ehe habe das alles überstanden. Denn schon ganz am Anfang habe er zu seiner Frau gesagt: »Wurscht, was d' hörst – i' versurg' di'.«

Sie werden mir zustimmen, dass diese Worte zu den zartfühlendsten gehören, die man in einer jungen Ehe nur sprechen kann.

»*Who Wants to Be a Millionaire?*«

Die Gefilde des großen Balls haben wir nun verlassen. Wenden wir uns einigen im Untertitel dieses Kapitels versprochenen »anderen Streichen« zu.

Im Cole-Porter-Lied tönt es »Who Wants to Be a Millionaire?«, und die Antwort lautet: »I don't!« Aber das Lied ist recht betagt, heutzutage will man Millionär(in) werden, und deshalb pilgert man – zumeist nur per Fernbedienung – in die sogenannte *Millionenshow*. Der Titel ist irreführend, weil die Millionen nicht selbst gezeigt werden, aber dafür jene Unglückseligen, die sie gerne besäßen.

Zu meinen erschütterndsten Erinnerungen zählt die Teilnahme an der *Promi-Pärchen-Millionenshow*, natürlich an der Seite meines Opernball-Zwillings. Ich erinnere mich nicht, jemals vorher oder nachher so nervös gewesen zu sein wie bei dieser vermeintlich leichtfüßigen TV-Veranstaltung. Die Sorge, mich mit nur wenigen Fehlantworten aus dem Image des gebildeten Zeitgenossen hinauszukatapultieren ins Ghetto, wo die öffentlich belachten Volltrottel wohnen, nagte an mir tagelang.

Als wir dann endlich in Köln einlangten, wo die Show seit Jahr und Tag aufgezeichnet wird, steigerte sich die Sorge zur Nervosität, bald zur Hektik, eine Stunde vor Drehbeginn dann zur Hysterie, die meinen gesamten Verdauungstrakt in Mitleidenschaft zog – die Details erspare ich der geneigten Leserschaft.

Armin Assinger, der beste Schifahrer unter den Quizmastern, versprühte Lockerheit, Kari blieb widerlich gelassen, ich krampfte mich ein. Prompt war es mein Ball-Kompagnon, der die einzigen vertretbaren Antworten hervorbrachte – ich zog mich ins Reich der Vermutungen zurück.

Als mir endlich die Frage »Welcher dieser Romane ist nicht von Dan Brown?« ein Zipfelchen Überlegenheit verhieß – denn ich hatte sie alle auf langen Reisen gelesen –, schmolz meine Entspannung sofort wieder zu einem Klumpen zusammen, als die Antwort-Angebote auftauchten: alle auf Deutsch! Ich hatte die Schundromane auf Englisch zu mir genommen und wusste nun wieder nicht aus noch ein.

Immerhin erbeuteten Karl und ich für den guten Zweck (Promis arbeiten ja nicht für die eigene Tasche, weil sie jeder für eh schon reich hält) einige Tausend Euro, genauso viel wie Frau Jeannine Schiller und ihre mir nicht mehr erinnerliche Quizpartnerin.

Mehrfach durfte ich noch indirekt an der *Millionenshow* teilnehmen – als Joker. Kaiser Robert Palfrader etwa adelte mich durch Erhebung in den Joker-Ritterstand. Als mein Telefon schellte und die fidele Stimme Armin Assingers mich an überwundene Verdauungskomplikationen gemahnte, wurde ich mit der Schicksalsfrage konfrontiert, welcher der gleich Genannten kein Jazz-Musiker der 1930er-Jahre sei. Ich konnte nur murmeln: »Also ich würde sagen, es handelt sich um …«, meine Redezeit war gleich wieder vorbei und das Geredete offenbar so vertrauensunwürdig, dass sich Freund Robert entschloss, aus dem Quiz-Geschehen auszusteigen.

Dabei war mein Tipp richtig gewesen, aber eben nicht mit der nötigen Überzeugungskraft vorgetragen worden. Joker zu sein, ist überhaupt keine lohnende Aufgabe, insbesondere, wenn man *nicht* angerufen wird.

Lebende Joker

Ich war überrascht, als die Show um das viele Geld doch noch zwei Mal in Karis und mein Leben trat.

»Wollt ihr zwei Hübschen [das war, glaube ich, nicht das Wort] nicht als anwesende Promijoker bei der *Weihnachts-Millionenshow* mitmachen?«

Ja, wir wollten. Einmal lebende Joker sein, nicht nur telefonische Fantome – das klang vielversprechend. Die Aufgabe war einfach: Im entscheidenden Moment, jenem der Ratlosigkeit des nicht-prominenten Kandidaten, durch die Showtüre zu treten und ... es eigentlich auch nicht zu wissen.

Damit wir zwei (hübsch oder nicht) keine Möglichkeit zur längeren Vorbereitung auf den Problemfall hätten, wurden wir neben der Bühne in einem Kabäuschen (Kammerln sind unser Schicksal) verstaut. Mit Kopfhörern angetan, durften wir *Alice in Wonderland* mit Johnny Depp anschauen und fühlten uns wie Kinder, die in einem entlegenen Zimmer uneingeschränkte Fernseherlaubnis erhalten, um die Party der Erwachsenen nicht zu stören. Zu den entscheidenden Momenten (siehe oben) aber erschien eine wild entschlossene Inspizientengestalt vor uns und machte mit expressivem Fuchteln (hören konnten wir ja nicht) auf sich aufmerksam. Sobald wir uns die Kopfhörer vom Haupt gerissen hatten, zerrte man uns hinter die gewisse Showtüre (auch siehe oben) – und das Schicksal nahm seinen Lauf.

Wir vermochten der einen oder anderen Kandidatin zu helfen, erhielten aber keinen bleibenden Eindruck von *Alice* – man kann eben nicht alles haben.

Bemerkenswert an unseren Köln-Reisen war immer Karis blühende Fantasie. Als unsere Maschine die Rhein-Metropole ansteuerte, milderte er meine chronische Flugangst liebevoll mit dem Märchen, wir würden nun in Baden bei Wien landen, und zwar für eine Sondersendung namens *Baden, mon amour*. Alle Umsitzenden würden sich ihre Gesichtsmasken abreißen und sich als Berühmtheiten entpuppen, würden »Reingefallen« oder »Ätsch« rufen, und bei der Flugzeugtüre würden uns der Badener Bürgermeister und der Stadttheater-Intendant begrüßen. Meine Angst vor der Landung war wie weggeblasen – danke, Kari.

Ein weiterer Flug bescherte mir die Begegnung mit einer orientalischen Vertreterin für Pflegeprodukte, die aus dem Salz des Toten Meeres gewonnen werden. Sie versuchte, mich nahe des Abflug-Gates mit der Frage: »Haben Sie schon vom Toten Meer gehört?« in ein längeres Verkaufsgespräch zu verwickeln.

Ich habe sonst ein Faible für Orientalinnen, aber da wir recht spät dran waren, antwortete ich mit den knappen Worten »Nur das Beste«, und eilte weiter.

Kari fand das ziemlich komisch und verwob es in einer seiner Kolumnen.

Ebenfalls zu Kolumnenehren brachte es mein Wortwechsel mit einem Lufthansa-Steward. Der Copilot ließ uns nach dem Start wissen, dass wir etwas spät dran seien, aber trotzdem pünktlich in Wien einlangen würden, da auf dem Rückflug »ein wenig Luft eingeplant« sei.

Auf meine neugierige Rückfrage, wie viel Luft denn vorhanden wäre, antwortete der Steward nach Rücksprache mit dem Cockpit: »Etwa zehn.«

Karl versuchte anschließend für seine Leserschaft zu ergründen, ob es sich um zehn Kubikmeter oder zehn Minuten gehandelt hat.

Nicht so amüsiert zeigte er sich, als Armin Assinger ihn auf Sendung provozierte. Kari holte gerade zu einem bildungsbürgerlichen Informations-Stakkato aus, da unterbrach ihn die Schilegende mit der kärntnerischen Fangfrage: »Wos waaßt du eigentlich noch olles, wos wurscht is?«

Schließlich resümierte Hohenlohe in seiner *Ges.m.b.H.*-Kolumne souverän das Erlebte:

Herr Assinger, äußerst professionell, ist noch größer, als man angenommen hat. Ich denke nicht, dass er sein Geburtsbundesland verleugnen kann, aber gerade dieser Umstand wird ja in Österreich sehr geschätzt.
Dann steigt man also die Showtreppe hinunter, steht vor dem vornehmlich deutschen Saalpublikum, das noch nie von einem gehört hat und vielleicht auch nicht jedes Wort von Armin Assinger versteht, aber mit großem Enthusiasmus applaudiert. Selbst als ich den unbekannten Mag. Wagner-Trenkwitz als den (ebenfalls unentdeckten) Heinz Prüller der Operette bezeichnete, klatschten die deutschen Freunde auf Teufel komm raus.
Ich kann den Besuch der *Millionenshow* als Joker also nur wärmstens empfehlen.

Eintracht bei »Romy« ...

Jahre zuvor (2006, wenn man es wissen will) durften Karl Hohenlohe und ich die sogenannte *Romy* moderieren. Wir verstanden diese Einladung selbstverständlich als Vorboten einer Verleihung des beliebten TV-Preises an uns. Aus lauter Übermut legten wir eine Kurzcharakteristik von uns beiden an, die auch Jahre später noch Gültigkeit besitzt:

Wagner-Trenkwitz	Hohenlohe
jovial	desinteressiert
emotional	distanziert
halbgebildet	hat die andere Hälfte der Bildung

... drängt sich in den ...

Vordergrund	Hintergrund
Charles	Camilla
Bauch	Buckel

beide:
Glanz und Glamour bis zur Erschöpfung!

Jedenfalls hatten wir ziemlichen Spaß, als wir – gegen alle Warnungen des hauptamtlichen Moderationen-Verfassers (wir widersetzten uns dem Herrn einen ganzen Abend lang) – so begannen:

Karl Hohenlohe: Willkommen zur *Romy* 2006 – zur Verleihung der begehrtesten Film- und Fernsehpreise des Landes.

Christoph Wagner-Trenkwitz: Nicht nur die Preise sind begehrt, schon die Einladungen für diese Galaveranstaltung in der Hofburg waren kaum zu bekommen.

KH: Stimmt. Es sind im Vorfeld mehrere prominente Damen bei uns vorstellig geworden und wollten eingeladen werden – ich sag's, wie's ist: um jeden Preis.

CWT: Ja, in aller Offenheit: Wir haben eindeutige Angebote erhalten. Tolerant und aufgeschlossen, wie wir nun einmal sind, haben wir versucht zu helfen, wo wir konnten.

KH: Wir freuen uns, dass es bei fast allen mit den Einladungen geklappt hat. Willkommen, Marika Lichter!

CWT: Danke Uli, es war schön, und du bist da, das ist die Hauptsache. Uli Beimpold!
KH: Marianne Mendt ... danke!
CWT: Christoph Fälbl ... danke für das Angebot, leider nein – aber ich sehe, du hast trotzdem irgendwie eine Einladung aufgetrieben.

Die Reaktionen auf diesen Eröffnungs-Schmäh waren, wie ich mich erinnere, ganz unterschiedlich. Marika Lichter blickte eher verstört drein, während uns Ulrike Beimpold eine Kusshand schickte. An Christoph Fälbls Gesichtsausdruck kann ich mich einfach nicht erinnern ...

Rudolf Johns größte Sorge im sogenannten »Vorfeld« war es, dass wir den Träger der Lebenswerk-*Romy* nicht durch den Kakao ziehen. Er formulierte das so: »Tuat's mer den Manfred Krug net veraffen!« Krug blieb unverafft, dafür erklärten wir an diesem Abend ungefähr neun Mal: »Rudolf John hat die *Romy* erfunden, das musste einmal gesagt werden.«

Anlässlich der Verleihung der Auszeichnung »Beliebtester Serienstar« an Michael Niavarani (»Er kämpft unerschrocken gegen das Vorurteil, nur der Quotenperser des ORF zu sein«) schaltete die versammelte ORF-Technik nach Laa an der Thaya, wo sich Nia von einem Duoabend mit Viktor Gernot live zuspielen ließ.
Kari verkündete »Wir feiern mit den Thayern«, und es materialisierten sich so unscharfe Bilder, wie ich sie zuletzt bei der Mondlandung in den späten 1960er-Jahren gesehen hatte. Als Höhepunkt der Absurdität galt mir, dass diese mühsam geborene Live-Schaltung von der gesamten Zuseherschaft für eine Aufzeichnung gehalten wurde.

Immerhin bedankte sich Nia artig »im Namen der iranischen Regierung für den schönen Brennstab« (er meinte die *Romy*-Statuette) und tauchte zu später Stunde noch persönlich in der Hofburg auf.

Ko-Moderator Karl und sein Ko-Moderator Christoph vergnügten sich weiter: »›Schauspieler weiblich‹ steht jetzt in unseren Unterlagen. In Zeiten der politischen Korrektheit setzt sich nach und nach ein neuer Begriff durch: ›Schauspielerin‹ ... noch ein bisserl ungewohnt.«

Und immer wieder konnten wir es nicht fassen, dass wir in der nächsten Kategorie nicht nominiert waren:

> CWT: Wir kommen nun zu einer Kategorie, die nach richtigen Männern riecht.
> KH: Wer hat den längsten Atem, wer schafft die kürzeste Überleitung? Und das in den Königsdisziplinen Sport, Wetter und Politik.
> CWT: A hard man ist good to find: Die Kategorie »Moderator männlich«.
> KH: Wir müssen, glaube ich, nicht darauf hinweisen, dass wir uns auch diesmal Chancen ausgerechnet haben.
> CWT: Wir sind ja quasi auch ... zumindest Moderatoren.
> KH: Zumindest je ein halber.
> CWT: Aber es sollte wohl ein ganzer Kerl gewinnen.

Der Abend ging glücklich zu Ende, man versicherte uns, noch nie sei die Preisverleihung so grandios moderiert worden, wir müssten unbedingt nächstes Jahr wieder ... und eine *Romy* für uns gäbe es auch mal ...

Unsere Freundschaft hat es tadellos ausgehalten, dass weder die eine noch die andere Ankündigung je eintraf.

... und Streit in Mödling

Kari und ich streiten nämlich fast nie. Und wenn, ist merkwürdigerweise immer Mödling mit im Spiel.

Dorthin rief man uns zu Dreharbeiten für eine kaiserliche Silvestersendung. Kari saß am Steuer und verfranste sich dank meiner chaotischen Wegempfehlungen. Ich hatte ein schlechtes Gewissen, wollte es mir aber nicht anmerken lassen und fing stattdessen mit ihm zu streiten an. Er stritt zurück, hernach schwiegen wir für mehrere Kilometer.

Als wir endlich glücklich in Mödling einfuhren, drängte es den Freund nach einer Versöhnung. Er sprach einen Satz, der auf die bevorstehende Kostümierung gemünzt war und so verschwurbelt herauskam, dass ich wirklich nicht mehr böse sein konnte: »Ich schwör dir, ich hab keine Lust, mir die Hose ausziehn.«

Ein andermal sollten wir – natürlich wieder in Mödling – gewissermaßen die Aufforderung zum Hosenausziehen leisten und einen *Krebshilfe*-Spot drehen.

Kari wurde erst am Drehort mit der Anweisung konfrontiert, dass er seinen Krawattenknopf bis ungefähr auf Brustbein-Höhe lockern sollte. Das sei das »Logo« der aufzunehmenden Werbung für Prostata-Untersuchungen.

Er hatte einen schlechten Tag und tobte plötzlich los – wenn schon Krawatte, dann trage er sie geschlossen, er habe sich 30 Jahre nicht verkleidet und gedenke auch diesmal nicht, es zu tun.

Wir sprachen mit Engelszungen auf ihn ein, es sei doch nicht so schlimm, eine Krawatte mehr als üblich zu lockern, ich verfiel auf den Scherz, den tiefhängenden Selbstbinder als »Uro-Logo« zu bezeichnen, aber es dauerte seine Zeit, bis der Kollege wieder zu seiner gewohnten Contenance gefunden hatte.

Die Krawatte lockerte er in dem betreffenden Spot dann so fahrig, dass man glauben musste, es sei der Henkersstrick, von dem er sich gerade noch befreit hatte.

Textile Emotionen, Weingeheimnis und andere Mystifikationen

Im September 2014 durften wir einer burgenländischen Firma für Heimtextilien moderierend zur Verfügung stehen. Es sollte, mystisch genug, um »textile Emotionen« gehen, die wir zu transportieren beziehungsweise zu erwecken hatten. Wir hielten uns aber, durchaus zur Freude des Publikums, an unser erlerntes Handwerk, nämlich die Anwesenden zu unterhalten.

Kari erklärte gleich zu Beginn, dass wir geradezu prädestiniert für die Aufgabe wären: »Für den CWT als Theaterfuzzi sind Vorhänge und die Suche nach guten Stoffen das tägliche Brot. Und beim Opernball kehrt er regelmäßig seine eigenen Hoppalas unter den Teppich.«

Ich gab zurück, dass der Zeichner Tex Rubinowitz einmal im Anschluss an das Tanzfest in der Staatsoper die rhetorische Frage stellte: »Was blieb vom Opernball?«, und als Antwort eine Kari-Karikatur, untertitelt »Der Mann mit der Teppichbodenfrisur«, produziert hat. Außerdem bezeichnete ich meinen Freund, den *Gault Millau*-Herausgeber, als »Stoffwechsel-Experten«.

Wir parlierten vor einem großen Gemälde aus dem Pinsel von Sepp Laubner, das wahrscheinlich eine Hornisse im Landeanflug zeigte. Kari diagnostizierte sofort: »Die Hornisse ist der natürliche Feind der Vorhangkultur, ihre Lieblingsspeise ist die Seidenraupe!«

Anschließend durften wir einen Vortragenden begrüßen, der die textilen Emotionen historisch unterfüttern sollte. Wir streuten

ihm Stoffrosen: »Gehobene Raumausstattung ist der zweite und dritte Vorname unseres nächsten Gastes ... Lange Jahre hat er an der Schule für Einrichtungsberater in der Salzburger Gemeinde Kuchl gearbeitet und hat dort unter anderem die Kuchlkredenz und den Kuchlboden entwickelt ... Er ist ein Klassiker der Stoffgestaltung und sicher nicht beleidigt, wenn wir ihn als Heimtextilien-Urgestein bezeichnen – als Guru der Auslegeware!«
Und so blödelte es sich fort ...

Im Jahr 2012 konnte sich Karl Hohenlohe stolz »Poysdorfer Weinpate«[*] nennen. Schon im Vorfeld berichtete er mir, dass sein flüssiger Schützling auf seinen Befehl hin den Namen »Christoph-Wagner-Trenkwitz-Gedenktropfen« tragen würde. Stolzgeschwellt beglückwünschte ich ihn zu Fantasie, gepaart mit Mut.
Einige Tage später nahm Karl die großartige Ankündigung zähneknirschend wieder zurück: Die Etikettenhersteller könnten nicht garantieren, dass der pompöse Titel auf einer Durchschnitts-Bouteille Platz finden würde.
Meine Enttäuschung wurde sofort durch Karis Ankündigung entschärft, dass der gute Tropfen wenigstens mein Kürzel, also »CWT«, auf seinen Lebensweg mitbekommen würde. Und Folgendes las man unter dem Titel *Winzertraum wird wahr* einige Zeit später in einem lokalen Blatt:

»Die Weintaufe wird Ihnen einen ersten Eindruck über den neuen Weinjahrgang geben«, betonte Weinbauvereinsobmann Johann Ebinger bei der Weinsegnung im Kol-

---

[*] Mein Rechtschreib-Prüfprogramm spielt gerade verrückt, weil es der Buchstabenkombination »Poysdorfer Weinpate« noch nie begegnet ist. Es empfiehlt mir die Abänderung in »Borsdorfer Weinlage« – ich lehne ab.

pinghaus. Pfarrmoderator Josef segnete den Wein,* dessen Pate heuer der Regisseur, Kommentator und *Gault Millau*-Herausgeber Karl Hohenlohe war.

Hohenlohe berichtete, dass sein Vater ein guter Freund von Curd Jürgens war und dieser den Grünen Veltliner aus Poysdorf als einen Lieblingswein bezeichnete. Er nannte daher sein Taufkind, einen Grünen Veltliner aus dem Weingut Robert Schodl, »CWT«, das steht für »Curds Winzertraum«.

In Anwesenheit der Veltliner-Landwein-Königin Bettina I., mehrerer Landtagsabgeordneter und Bürgermeisterinnen, eines Bezirksweinbauverbandsobmannes und eines Landesfeuerwehrkommandanten hatte Hohenlohe bei seiner Ansprache in bekannt seriösem Ton verkündet, dass der berühmte Schauspielerfreund seines Vaters einen gewissen Poysdorfer Veltliner so geliebt hatte, aber man könne nicht mehr rekonstruieren, wer diesen hergestellt hatte, drum bliebe es ein Traum, eben »Curds Winzertraum« alias CWT.

Nach der Ansprache drängte sich ein knorriger Winzer an Hohenlohe heran und flüsterte verschwörerisch: »I waaß.«

Auf die Frage, was dieser denn wisse, zischte der Landmann: »Wer den Wein g'mocht hot. Der Hubinger war's.«

So wurde einem Rätsel ein neues hinzugefügt.

Freunde von mir verschafften mir die Bekanntschaft einer hochrangigen pakistanischen UN-Diplomatin, die uns zu einem wun-

---

* Man lernt nie aus: Pfarrmoderatoren gibt es nicht nur, sie sind auch für Weinsegnungen zuständig! Wenn ich mich jemals zum Zölibat entscheiden sollte, wäre das eine ernsthafte Karriere-Option.

derbaren, von ihrem Leibkoch Ibrahim gestalteten Mittagsmahl einlud.

Erst im Anschluss an den von einer Ingwer-Omelette gekrönten Lunch verriet mir die Gastgeberin, dass sie bis vor wenigen Tagen fest geglaubt hatte, »Wagner-Trenkwitz« sei eine fiktive, von Karl Hohenlohe für seine Kolumnen kreierte Figur. Beim Frühstück vor der Einladung hatte Ibrahim sie aufgeklärt, dass ich wirklich existiere: »Madame, I see him on TV, he also moderates the Opera Ball. He is very interesting. But I don't remember his funny long name!«

Sie zog den Schluss daraus, dass Ibrahim viel zu viel Zeit mit dem Fernsehen vergeudet ... Erst, als wir einander in persona begegneten, war sie von meiner Existenz überzeugt.

Und noch ein Rätsel – zumindest musste es der ehrbaren Verkaufschefin (nennen wir sie Frau K.) einer angesehenen Fleischwarenfirma so vorgekommen sein. Karl Hohenlohe wurde per Mail eingeladen, gemeinsam mit mir ihre Firmengeburtstagsfeier zu moderieren. Anstatt mir die Nachricht weiterzuleiten, drückte er den Antwortknopf.

Frau K. erhielt folgende Zeilen, die sie nimmer deuten konnte:

Na, willste?
Kuss
zaudernder zauberer

Kari hatte da einen Spitznamen variiert, den wir uns und einander geben, anknüpfend an die merkwürdige Begegnung mit einem stark tremolierenden Herrn, der sich als Zauberer vorstellte.

»Zitternder Zauberer«, kurz ZZ, ist unser Geheimkürzel, das sich auch im nächsten Hohenlohe-Mail fand. Karl sandte es wieder an Frau K. und nicht an mich:

Hallo ZZ,
noch ein Versuch. Wenn Du keine Lust hast, mach ich es mir alleine,
LG
Karlo

Die Antwort folgte prompt:

Lieber Herr Hohenlohe,
bin GK und nicht ZZ – Mail dürfte sich verirrt haben ...

Erst jetzt wurde die – Gott sei Dank nicht sehr folgenschwere – Adressatenverwechslung aufgeklärt, und Herr Hohenlohe hatte wieder mal Anlass, sich zu genieren.

Hohenlohe geniert sich weiter

Der eklatanteste Anlass zum Schämen fand knapp nach der Präsentation meines Bestsellers *Schwan drüber* statt. (»Bestseller«* ist er natürlich nur angesichts meiner sonstigen Verkaufszahlen, nicht im Vergleich zu wirklich erfolgreichen Büchern – aber es ist immer beruhigend, sich nur mit sich selbst zu messen, da kann weniger schiefgehen!)

---

* Als ich noch ein Kind war – und ich kann jederzeit beweisen, dass ich auch einmal jung gewesen bin – verstand ich das Wort »Bestseller« noch nicht und dachte, es handle sich um einen »Besteller«.

Die spannenden Minuten hat Martina Hohenlohe mir geschildert: Wenige Tage nach der Buchpräsentation in den ehrwürdigen Räumlichkeiten des Amalthea Verlags schlägt Hohenlohe – daheim, im Morgenmantel und beim Frühstück – die Zeitung auf und liest seine eigene Kolumne. Darin steht Empörendes.

Er springt auf, fluchend: »Was hat der wahnsinnige Lektor da angerichtet!«

Karl stürmt zum Computer, klickt herum – verfällt: »Ich hab es selber geschrieben ...« Ruft mich mehrmals an.

Erst beim vierten Mal sehe ich den Anruf, es ist ja noch früh am Morgen.

Karl spricht zu mir (und nun übernehme ich das Erzählen wieder): »Ich muss mich tausendmal entschuldigen, es war ein Versehen, keine Absicht!«

»Was ist passiert, o du mein Karl?«

»Ich hab in meiner Kolumne geschrieben, dein Buch heißt *Schwanz drüber*.«

Ich schweige.

Kari fleht: »Es tut mir wahnsinnig leid.«

Der Lachkrampf, den ich wenige Sekunden später bekommen habe und in den Kari fröhlich eingestimmt hat, ist eigentlich bis zum heutigen Tag noch nicht ganz verflogen.

Am 12. Dezember 2014 fand unter dem Motto *So schmeckt Niederösterreich* ein Adventmarkt im Palais Niederösterreich in der Wiener Herrengasse statt. Karis Vorschlag für einen PR-Voraustext zu unserer Teilnahme wurde von mir fast unwidersprochen akzeptiert:

Der *So schmeckt Niederösterreich*-Adventmarkt hat uns aus dreierlei Gründen immer schon angezogen. Erstens lieben wir Punsch, zweitens lieben wir Kekse, und wenn wir, drittens, genug Kekse und Punsch intus haben, singen wir sehr gerne Weihnachtslieder.

Auch die Kinder haben ihren Spaß, in der Backstube wird gerollt, gewuzelt und ausgestochen. Es ist so ein wunderbares Gefühl, den Kindern beim Arbeiten zuzusehen.

Christoph Wagner-Trenkwitz summt gerne bei den Bläsern mit, Karl Hohenlohes Herz schlägt für die Chorsängerinnen. Die Vielzahl der angebotenen kulinarischen Spezialitäten macht eine Auswahl unglaublich schwer.

Unser Vorsatz ist der gleiche wie im vergangenen Jahr: Wir essen alles, die Bikinifigur ist uns egal, weil wir nur ganz ganz selten einen tragen.

Ich begehre nur, um kapitalen Missverständnissen vorzubeugen, die Änderung des Begriffs »Bläser« auf »Blechbläser«.

Der folgende Nachbericht in einem niederösterreichischen Printorgan dokumentierte nur einen Teil der Ereignisse, die sich an jenem Adventabend zugetragen hatten:

> Mit dem Entzünden der dritten Kerze des Adventkranzes wünschte Kräuterpfarrer Benedikt »eine gute und frohe Aussicht auf Weihnachten«. Der Adventkranz sei »ein Zeichen des Lebens und der Ewigkeit« und er sei »ein Rettungsreifen in der hektischen Zeit«.
>
> Karl Hohenlohe und Christoph Wagner-Trenkwitz brachten ein Gedicht mit dem Titel *Advent* zu Gehör. Im Anschluss an die Eröffnung brachte Landeshauptmann Pröll die circa zehn Meter hohe und etwa 25 Jahre alte Nordmann-Tanne aus der Gemeinde Maria Laach am Jauerling zum Erleuchten. Für die musikalische Umrahmung des Adventmark-

tes sorgten die »Mostviertler Blechmusikanten«, der Chor »Inwendig woarm« und der »Brucker Singkreis«.

Karl Hohenlohe kolumnierte ein anderes Detail (er ist eben der Mann fürs Feine) des denkwürdigen Festes:

Vor uns harrte ein riesiges rotes Rund, das sich als Startknopf für die Beleuchtung des Weihnachtsbaumes entpuppte. Dankenswerterweise forderte uns der LH Pröll auf, den Baum gemeinsam strahlen zu lassen. Wir legten also unsere Hände aufeinander und drückten, was das Zeug hielt – und schon war der Baum ein Lichtermeer.
Später versuchte ich, mich durch erneutes Drücken als Herrscher über Tag und Nacht zu etablieren, aber der Baum

Weihnachtsengerln unter sich: Kari, Christoph, Erwin, Benedikt (Kräuterpfarrer) und Stephan (Landesrat) Pernkopf

blieb stur und hell. Ich werte das als Wunder; ob es vom Herrn oder vom Herrn mit der hohen Stirn kam, kann ich nicht sagen.

Nicht erwähnt wird hier wie dort das »Buh«, das Kari und ich zwischendurch als Gedichtleser einheimsen konnten – was wohl zum ersten Mal in der Geschichte dieses stimmungsvollen Adventmarktes passiert war.

Hohenlohe hatte es sich nämlich nicht nehmen lassen, mir ein Opus von Loriot alias Vicco von Bülow zum Vortrag anzudienen. Folgsam las ich also unter anderem:

Im Forsthaus kniet bei Kerzenschimmer
die Försterin im Herrenzimmer.
In dieser wunderschönen Nacht
hat sie den Förster umgebracht ...

Worauf Karl unter anderem erwiderte:

Nun muss die Försterin sich eilen,
den Gatten sauber zu zerteilen.
Schnell hat sie ihn bis auf die Knochen
nach Waidmanns Sitte aufgebrochen.

Als die blutrünstige Weihnachtsgeschichte verklungen war, lächelte uns zwar der hartgesottene Landeshauptmann aufmunternd zu, aber aus der Menge vor uns ertönte besagtes Buh.

Ich war dem armen Publikum eine Erklärung schuldig: »Dieser Text stammte übrigens von Loriot«, rief ich.

Worauf die Stimme des Buhers in entschuldigendem Tonfall meinte: »Ah, so.«

Und eine Stimme, die wohl der Gattin des Unzufriedenen gehörte, anklagend hinzufügte: »Siehgst es!«

Man soll sein Publikum aber auch nicht zum Äußersten reizen, gerade vor Weihnachten! Gottseidank findet der Opernball, trotz seiner Ähnlichkeiten mit dem heiligen Fest, jeweils viel früher im Jahr statt.

… haben Sie überhaupt gemerkt, wie herrlich sich der Kreis dieses Kapitels nun geschlossen hat?

Nochmal Schüttelfreuden

... großteils von Vater und Sohn Grümm

Niemand kann sagen, woher der innere Zwang stammt, in komischer Absicht Silben abzutauschen. Franz Mittler war der Urvater des Symptoms (»Schüttelreime scheißt der Mittler / und glaubt, er ist ein Meisterschüttler«), der Schauspieler und Schriftsteller Miguel Herz-Kestranek ist ein begnadeter Schüttler, der Volksopern-Inspizient Michael Weber ebenfalls, Hans-Richard Grümm (dem ich die meisten Zeilen dieses Kapitels verdanke) ein grenzgenialer Vertreter der merkwürdigen Spezies, und ich kuschle mich freudig dazu.

»Freudig« ist allerdings nicht richtig formuliert. Weiter oben gebrauchte ich den Begriff »Zwang« – das kommt der Sache schon näher. Ein Schüttelreimer steht unter der dauernden Obsession, Worte und Sätze nicht einfach zu sagen, sondern im Kopf herumzuwirbeln. Das ist kein Vergnügen. Wenn man einem Schüttler ein neues gelungenes Produkt vorträgt, wird man auch selten ein herzliches Schmunzeln ernten. Stattdessen verdüstert sich die Miene des Gegenübers, es nickt beiläufig, sein Gehirn schweift ab zu zwei quälenden Fragen.

Erstens: »Warum ist mir das nicht längst eingefallen?«

Und zweitens: »Lässt sich das eben Gehörte ausweiten, umformen?«

Oft lässt es sich. In einem früheren *Schwan* notierte ich, dass ein Schauspieler seinem Kollegen auf der Bühne zuflüsterte: »In der zweiten Reihe reiten zweie.« Retrospektiv ließe sich aber auch reimen: »In der dritten Reihe ritten dreie.«

In meinen frühen Aufzeichnungen, also etwa von der Mitte der 1980er-Jahre, fand ich einen Schüttler zum Thema »Aufriss« (womit das erfolgreiche, weil folgenreiche Kennenlernen einer Frau gemeint ist):

Kriegst du sie, ist's Lust ganz ohne Freud,
kriegst du s' nicht, ist's Frust ganz ohne Leid.

30 Jahre später erfuhr ich den folgenden Reim, der mindestens 30 Mal so gut sein dürfte und mir vom Langenloiser Intendanten Andreas Stoehr aufgetischt wurde:

Ein Mann verfolgte bis aufs Schiffsdeck
die Fliege, die ihm schiss aufs Beefsteak.
Worauf er oben ganz erbost rief:
»Ich will ein unbekacktes Roastbeef!«

Bescheidene Anfänge

Manchmal wende ich mich mit der Euphorie des Anfängers an den erwähnten Michael Weber und lege ihm ein missratenes Schüttelbaby vor; dann seufzt er tief und korrigiert das Ausschussprodukt – ihm war Ähnliches natürlich schon vor Längerem und in gediegenerer Form eingefallen.

Einmal wollte ich den Volksopern-Spielplan spielerisch um *Parsifal* erweitern und mantschte die Silben so:

Parsifal am Alsergrund?
Ist denn der Sucher des Grals a Hund?

Weber wusste Rat. Natürlich musste es so lauten:

Amfortas liebt den Gral sehr und
sucht ihn auf dem Alsergrund.

Bei dieser Gelegenheit vertraute er mir gleich das Kurzporträt eines (natürlich nicht real existierenden) Sängers an:

Meistens singt er verständlich,
Manchmal stinkt er verseh'ntlich.

Und eine frei erfundene Feststellung über ein sehr wohl real existierendes weibliches Ensemblemitglied der Volksoper (wobei das vorletzte Wort den Dialektbegriff für »weinen« wiedergeben soll):

Versungen hat sich Beate Ritter,
fuhr nach Haus und reahrte bitter.

Ebenfalls aus der Luft gegriffen, aber halt soo gelungen, ist ein Zweizeiler, der mir beifiel:

Die Leute gingen scharenweise,
denn unsre Sänger waren scheiße.

Manchmal passieren Schüttler – durchaus unapropos – auch im wirklichen (Bühnen-)Leben.
    Der junge Bassist Stefan Cerny hatte als Erster Nazarener in *Salome* zu singen: »Mir ist sicher, dass er der Prophet Elias ist.«
    Durch eine Unachtsamkeit schüttelte Cerny bei einer Aufführung diesen Satz durcheinander und behauptete zur Überraschung aller, dass es sich um den »Prolet Ephias« handelte.

Wieder völlig frei erfunden ist der Schüttler, der sich auf das Sängerehepaar Peter Seiffert und Petra Maria Schnitzer bezieht; denn niemals hat es diesen Inspizientendurchruf gegeben, der die Künstlerin auf das Essbedürfnis ihres Gatten hingewiesen hat:

Petra Maria Schnitzer, bitte!
Herr Seiffert möcht a Pizzaschnitte!

Andererseits könnte es durchaus vorgekommen sein, dass der Wagner-Tenor die Garderobe seiner Frau nach Vorstellungsbeginn fluchtartig mit den Worten verlässt: »Liebling, ich muss auf die Bühne – ich höre schon mein Leitmotiv!«
Und so lautet der geschüttelte Stoßseufzer des gagengeplagten Operndirektors:

Gerad' verriet mir auf dem Gange Stolzing,
dass er nur für eine Stange Gold sing'!

Von unbändigem Stolz geschüttelt wurde ich, als mir ein Reim für jene einfiel, die sich beim kurdischen Befreiungskampf genauso gut auskennen wie im österreichischen Korruptionsdschungel:

»Allah-akba« ruft der Peschmerga,
»Wo war mei' Leistung« der Meischberger.

Und nicht minder stolz bin ich auf den selbst erdachten Kurzschüttler, der meine überragenden Geistesgaben auf einen knappen Nenner bringt:

Latente
Talente.

»Auch ein Grümm wurmt sich ...«

Ein durch und durch seriöser Mensch ist Univ.-Doz. DDr. Hans-Richard Grümm, was schon der stolze Titelvorspann zu seinem Namen bezeugen mag. In mathematischer Physik hatte er »sub auspiciis praesidentis« promoviert, Vorlesungen führten ihn an zahlreiche angesehene Universitäten in Europa und Übersee, 1987 habilitierte er sich an der Universität Wien, war Geschäftsführer der Arbeitsgemeinschaft für Psychotechnik in Österreich und eines in Wien beheimateten Instituts für Marktpsychologie und Motivforschung.

Während er sich beruflich mit der Entwicklung von neuen mathematischen und statistischen Modellen in der Marktpsychologie oder dem Einsatz der EDV zur Objektivierung psychologischer Konstrukte befasst, gilt seine private – eigentlich gar nicht so heimliche, also unheimliche – Leidenschaft dem Blödeln im Allgemeinen und dem Schütteln im Besonderen.

Trifft man Hansi Grümm, kann man von deklinierbaren Hauptwörtern (zum Beispiel »Ich Gainsborough, du gehst ins Büro ...« oder »Ich Mokkatorte, du mogst ka Torte ...«) über einfache bis hin zu oberraffinierten Schüttlern viel lernen.

Zunächst Beispiele für Einfaches:

Ich will sparen
an Spielwaren.

Oder:

Ein braver Hai
isst Haferbrei.

Oder ein ausgedehnterer Klassiker unbestimmten Ursprungs:

So sehr ist ihm von all den Schmonzes mies,
dass er sich in die Flut des Mondsees schmiss.

Und nicht zuletzt Opernhaftes, wie Franz Mittlers Inhaltserzählung von *Tannhäuser*:

An einem Hof, bekannt wegen strenger Sitten,
ums Thema »Liebe« ein paar Sänger stritten.
Und ein Tenor schwört voll Tannheiserkeit,
er tauschert hier mit keinem Kaiser heut.
Er singt von einem Puff, dem Hörselberge,
wo's immer lustig und mit vollem Börsel hergeh';
wo eine Göttin schön und gülden, Venus,
ihm jüngst verhalf zu einem wülden Genuss!
Die Ritter schrei'n in wildem Grimme »Stechts'n!«
»Halt ein«, hört man da Liesls Stimme krächzen.
»Den Wüstling, der gefrönt des Leibes Wünschen,
wollt ihr im Beisein eines Weibes lynchen?
Vergebung gibt's in Rom für feine Sünden,
dort wird's mein Heinzi auch für seine finden.«
Und schon zieht er nach Rom, mit bloßen Füßen,
die Tränen, die um ihn geflossen, büßen.
Auf dem Balkone zeigt sich grad der Papst,
als ihm den Pilgerstab ein Pater grapst.
Da wird ihm bald von all der Reu und Buß' fad;
Er fährt nach Haus und nimmt ein warmes Fußbad.

»Ich finde diese Fabel nett ...«

Vom Vater Hans ererbte Hans-Richard die Neigung zur Physik und die Schüttel-Leidenschaft; dieser war im Berufsleben zuletzt stellvertretender Generaldirektor der Atomenergiebehörde gewesen. Die Grümms schüttelten gemeinsam, sodass die individuelle Autorschaft einzelner »Vierer« im Nebel der Geschichte verborgen bleiben muss.

Das Familienmotto ist einschlägig: »Auch ein Grümm wurmt sich, wenn er getreten wird.«

Grümm junior, den ich vor vielen Jahren einmal auf den *Magierball* begleiten durfte, was uns auf Lebenszeit verbindet, hat mir das Familienarchiv geöffnet und das Recht zum Abdruck der mehrzeiligen Grümm'schen Perlen eingeräumt. Vorhang auf, zunächst für Ritterliches und Marinelastiges:

Minnesang
Die Rittersfrau hängt Reckenhosen
Zum Trocknen in die Heckenrosen,
Sodass in trauten Rosenhecken
Sich unpoetisch Hosen recken.

Die Helden sind müde
Als Matrose auf dem Schlachtschiff
Nach dem Kampf ich gut im Schacht schlief.
Heute, da am Land ich schlicht schaff',
Werd' ich vor der ersten Schicht schlaff.

Beim Schütteln hilft klassische Bildung, so zum Beispiel die Kenntnis der nordischen Göttergeschlechter »Asen« und »Vanen«:

Der Wiking
Wenn ich vor Bildern meiner Ahnen weil',
Betend zu Asen und auch Vanen eil',
Dann glückt es mir, zu fangen einen Wal.
Doch meistens fisch' ich nur – zum Weinen – Aal!

Gottes freie Natur hat einige Schüttelpotenz:

Albumblatt
Ich möchte mich Elisen wegen
Sogar in nasse Wiesen legen
Und sie ganz sacht beim Lesen wiegen!
Das muss doch ihrem Wesen liegen.

Wenn ich nur wüsste, von wem diese schöne Karikatur stammt!

Fallerslebens Campinglied
Ein Ruf, aus Tälern schallt er wild,
Im tiefen, dunklen Wald er schilt,
Von Gipfeln er stets wilder schallt:
Weg mit dem deutschen Schilderwald!

Hermann Löns zugeeignet
Als ich im Wald so leise ritt,
Sang ich in Moll ein Reiselied:
»Wenn ich zu meiner Liese reit',
Empfände selbst ein Riese Leid!«

Manche Schüttler, ich erwähnte es eingangs schon, existieren in zwei Fassungen, wobei nicht immer eine die bessere sein muss. Hier die Exempel:

Schnorchel
Ich wanderte im Nebel fad,
Als aus dem Feld ein Webel naht.
Es schwabbelte sein Nabelfett –
Ich finde diese Fabel nett.

Schnorchel, 2. Fassung
Ich finde eine Fabel nett,
In der durch einen Nebel fad
Ein Mädchen voller Faible naht
(Doch leider ist ihr Nabel fett).

Auch das zarteste der Gefühle (richtig, die körperliche Liebe und das Bedürfnis nach ihr sind gemeint) lädt zum Schütteln ein:

Gartenlaube
Seht dort die Jungfer Liebetraut,
Wie sie aus ihrer Laube tritt –
Ihr wurden nie die Triebe laut,
Weil sie an »saurer Traube«* litt.

Strip cheese
Den Saal der Lichter Helle füllt,
Wenn sich ein Star in Felle hüllt.
Man wartet, bis die Hülle fällt,
Die ihrer Kurven Fülle hält.

Der Geist ist schwach
Ist sie auch blöd, voll Wut er leist'
Sich dieses hübsche Luder, weißt'?
Obwohl's die Gattin leider wusst,
Hat dieser Wüstling weiter Lust!

Heilbronner Elegien
Nicht doch! Wer denkt von Käthchen minder?
Oft hatten doch schon Mädchen Kinder.
Ich schätze drob nicht minder Käthchen
Und nähm' sie gern als Kindermädchen.

Beatula
Ihr wollt, dass ich Hermine scher'?
Da hilft keine Maschine mehr.

---

* Der »Saure-Trauben-Effekt« bezeichnet laut Psychologielexikon »die Tendenz zu einer Abwertung von verlorenen und einer Aufwertung von verfügbaren Optionen, wenn man in einer Wahlsituation keine Freiheit erwartet«.

Verfilzt ist ihre Mähne schier –
Schickt eine and're Schöne mir!

Sommernachtstraum
Wie liebe ich den Nymphenrasen,
Auch wenn sich neidisch rümpfen Nasen.
Was kümmert mich ihr Nasenrümpfen:
Nackt tanzen auf dem Rasen Nymphen.

Die hat's nötig
Sie sonnt sich auf der Wiese meist.
Von Ferne sie der Weise misst:
»Das ist doch diese Miese, weißt?«
Wenn das die süße Meise wüsst' ...

Hans-Richard Grümm, selbst Absolvent eines Studiums der Theoretischen Physik und Mathematik, erkennt sich selbst wohl am ehesten in solchen Reimen wieder:

Forschers Leid
(angeblich von Werner Heisenberg)
Ich mahle in der Mühle Kohle
Und trinke eine kühle Molle
Und denk in meiner Kohlemühle
An die Struktur der Moleküle.

Dem Mathematiker ins Stammbuch
Gar mancher glaubt, dass Mengenlehre
Nicht seiner Mühsal Längen mehre.
Doch misst er erst der Meere Längen,
Erhält er nichts als leere Mengen.

Reisen bildet. Folgende Schüttler auch (ein »Seelenverkäufer«
ist übrigens ein Hochseeschiff, das dem Menschenhandel dient):

Nostalgisch
Wer in Capris Helle weilt,
Sich in kühler Welle heilt,
Fragt sich, ob die heile Welt,
Wohl noch eine Weile hält.

Der lahme Muck
Ein feiger Mensch in Grindelwald
Vor Angst sich in die Windel krallt,
Indes der Held sein Grandelwild
Hoch drob'n im Eigerwandl grillt.

Hottellisch-dialektisch
Es freute sich der Vatta so sehr:
Zum ersten Male sah Davos er.
Und auf dem Bahnhof, wo da saß er,
Trank er ein Gläschen Sodawasser.

Seelenverkäufer
Sind schon in den meisten Laden
Und im Holz der Leisten Maden,
Sodass auch die Masten leiden,
Muss das Schifflein Lasten meiden.

Fiskalisch
Im Schwarzwald liegt das Zollertal,
Durchwandert oft in toller Zahl.
Doch kostet's einen Taler Zoll,
Drob ward gar mancher Zahler toll.

Cave Vinum
Ein Pärchen schlürft in Baden Wein,
Darauf erglüht in beiden Wahn.
Sie brechen sich durch Weiden Bahn,
Und er dabei sein Wadenbein.

DDr. Grümm räumt ein, dass es die »Deckenflinte« eigentlich nicht gibt; sie sei dem kreativen Hirn seines Vaters entsprungen. Ich bin aber der Meinung, dass sie für nachfolgenden Schüttler erfunden werden musste:

Försters Leid
Wer machte diese Tintenflecke
Auf Försters neue Flintendecke?
Er säubre sie mit Fleckentinte
Und putze auch die Deckenflinte.

Aber auch viel Knapperes hat eine Daseinsberechtigung:

Quäle nie …
Mein Windhund
ist hint' wund.
Hat der Hund Wind'
wird er wund hint'.

Steckbrief
Unser Hausmeister:
Maus heißt er.
Im Keller meist haust er;
Wie es heißt, maust er.

Achterfinale

Die oben abgedruckten sogenannten »Vierer« sind bereits rare Kunstprodukte. Aber es geht auch noch umfangreicher: hier ein »Achter« und ein »Elfer« (was nichts mit dem Fußballsport zu tun hat). Bei solchen Kreationen erstirbt der Durchschnittsschüttler vollends in Ehrfurcht:

Oh Thello
Stolz neiget sich der Mohr den Ehren:
»Ich habe, was ich treibe, lieb!«
Oh, neige nicht dein Ohr den Mären,
Was sie mit Cassios Leibe trieb!
Trau deinem Herz, nicht mehr den Ohren,
Dass Wahn nicht gegen Liebe treib'!
Doch rasend machte er den Mohren.
Was sind in dir für Triebe, Leib!

Auch der Schöpfer dieses unvergänglichen Kunstwerks ist mir nicht mehr erinnerlich.

Waterkant
Ins Sparschwein er die Heuer schob,
Sich dann hinweg zur Scheuer hob.
Am Abend nämlich schob' er Heu
Und etwas später hob er scheu
Sein Liebchen auf den Heuschober;
Und, wie gesagt, ganz scheu hob er
Das Mädchen hoch, und Heu schob er
davor; doch als sich selbst ins Heu er schob,
Geschah's, dass sie sich scheu erhob.
Denn eine Maid im Schober-Heu
Ist oftmals wirklich oberscheu.

Zum krönenden Abschluss noch ein achtzeiliges Prachtexemplar aus der Feder des Altösterreichers K. Ross:

Indis-Kreter Achter
In Kreta züchtet der Herr Pater Kresse,
Damit er sie für seinen Kater presse.
Man sagt, er wäre kein Asket, er prasse,
Macht als gewandter Interpret er Kasse.
Er führe dann vom Wiener Prater kesse
Soubretten über Kretas Kraterpässe.
Indessen singe sein Freund Peter krasse
Chansons – was sich für keinen Kreter passe!

In der Hoffnung, vielen Freunden dieser Sorte von Lyrik ein Lächeln ins Gesicht gezaubert zu haben (und den Profis ernste Mienen), schließe ich das Schüttelkapitel mit einer feierlichen Verneigung vor dem Hause Grümm.

Nochmal in die Hölle

… oder: Das unterirdischste Theater der Welt

Das Titelbild dieses Bandes zeigt mich als jugendlich-schlanken Pharao. Sollten Sie sich schon gefragt haben, wie es entstanden sei, habe ich hier die Antwort: für die *Hölle*.

Über den Pforten von Dantes *Inferno* steht geschrieben: »Lasciate ogni speranza, voi che entrate.« Über dem alljährlich ein Mal ausbrechenden Theaterunternehmen, das sich im Untergeschoß des ehrwürdigen Theaters an der Wien etabliert hat, schwebt – unleserlich – ein Sinnspruch von Andy Warhol: »Art is what you get away with.« Während »Lasst, die ihr eintretet, alle Hoffnung fahren« ein allgemein bekanntes Zitat ist, lässt sich Warhols Ausspruch schon schwerer übertragen. Kunst ist … was man dir durchgehen lässt? Oder besser auf Wienerisch: »… was einegeht«?

Wie dem auch sei: Die Sache klappt, ein Mal im Jahr und vor rund 100 Personen pro Show, aber immerhin kommen die alle zu zehn Aufführungen, also sind's schon 1000. Dante hatte bei seinem Marsch durch die Unterwelt den Kollegen Vergil als Führer dabei. Unser Spiritus Rector, künstlerischer Leiter und zentraler Ideenproduzent ist Georg Wacks – so ändern sich die Zeiten.

Magister Wacks ist Clown, Armin-Berg-Forscher, Solist an der Volksoper, Kindsvater und noch vieles mehr, hat viele Vorzüge und einen gravierenden Fehler, der ihn mir nur noch enger verbindet: Er wurde im Zeichen der Zwillinge geboren, und zwar am gleichen Tag wie ich. Außerdem hat Georg eine Frau, die entzückende und begabte Pianistin Christina Renghofer, die einen

Manchmal besucht mich Georg Wacks auch in meinem Büro.

Tag älter als er, also ebenfalls Zwilling ist; und mit Christina hat er zwei Kinder, die nicht nur am gleichen Tag geboren wurden wie die Mutter, also Zwillinge sind, sondern dazu auch noch wirkliche Zwillinge sind. So komplizierte Zufälle sind typisch für Georg Wacks.

Ich schätze Georgs kryptische SMS, die davon künden, dass er mit einem neuen Programm schwanger geht. Im Frühjahr 2015 erschien auf meinem Display die Nachricht: »Ich glaube, du wirst Herman Munster sein.«

Da weiß man doch gleich, worauf man sich einzustellen hat.

Und: »Willi wird dir den Kopf abnehmen« – das bedeutete, dass ich mich in die Hände des Volksopern-Maskenbildners Willi Willisch zu begeben hatte. Derselbe Künstler also, der auch die Schikaneder-Statuetten für den Österreichischen Musiktheaterpreis handfertigt, nahm Maß an meiner Oberweite und schuf ein Schädel-Wunderwerk, mit dem ich ab Ende Oktober 2015 die überschaubaren Massen in der Hölle entzücken soll.

Meister Willisch verschönert mich nach Kräften.

Mehr kann ich Ihnen über das Programm derzeit nicht verraten, auch wenn Sie dieses Büchlein etwa erst im Jänner 2016 zur Hand nehmen sollten.

Aber ich kann zurückblicken auf das Höllische, das bisher geschah. Man verzeihe mir, dass ich dies aus einer sehr persönlichen Perspektive und dadurch in schrecklich unvollkommener Weise tue: Mein Leitfaden sind die bei mir vorrätigen eigenen Conférencen.

Aber ohne Frage sind die höllischen Verdienste von Georg Wacks, unserer Diva Elena Schreiber, dem immer jugendlichen Charmetenor und Kunstpfeifer Stefan Fleischhacker sowie dem grundseriösen Charakterbariton Martin Thoma viel höher zu veranschlagen als meine! Die drei Letztgenannten, der harte Kern des *Letzten erfreulichen Operntheaters (L.E.O.)* singen und spielen sich bravourös in die Herzen des *Hölle*-Publikums.

Nicht zu vergessen auch die »historischen« Ausstellungen, die Marie-Theres Arnbom zu jeder unserer Shows zusammenstellt und wo rare Exponate wie das folgende zu sehen sind: »Zigarrenstummel von Peter Altenberg, den er 1911 beim Verlassen des Café Herrenhof wegwarf«.

Die Jungfrau von Temeswar

Die erste »kabarettistische Reise durch die Geschichte der *Hölle*« trug den Titel *Tanz der Blinden* (nach dem Lied von Franz Karl Ginzkey und Béla Laszky) und fand im März 2010 statt.

Ich durfte als Fritz Grünbaum »eigene Schriften« vortragen und als »Jungfrau von Temeswar« mein Bewegungstalent unter Beweis stellen. Bei einer Aufführung zog ich mir eine leichte Sehnenzerrung zu; alle meinten übereinstimmend, dass meine Tanzdarbietung von diesem Unfall nur profitiert habe.

Beim Programmpunkt Nummer 6, *Schönheitsformen – Plastische Darstellungen nach Vorlagen alter Meister*, arrangierten sich Elena, Stefan, Martin und Georg zu erregenden »Tableaux vivants«. Einmal war sogar – hinter einem Gaze-Schleier – Elenas respekteinflößende Oberweite hüllenlos zu sehen. Georg rechtfertigte diesen pikanten Moment so: »Ich habe dem Publikum in der Presseaussendung ›full frontal nudity‹ versprochen, das müssen wir einhalten.«

Und in meiner begleitenden Conférence bezeichnete ich die schöne Elena als »Venus des ungarischen Nationalmalers Botticelli Sándor«.

Der unerschrockene Intendant Roland Geyer war fassungslos über das Gebotene, hatte aber ebenso wie die zahlenden Besucher seinen Spaß – ein Herr Rath meinte gar in einer Zuschrift, *Der Tanz der Blinden* sei »einer der Höhepunkte meiner Karriere als Publikum bisher« gewesen.

Der jiddelnde Pharao

Also kam es zu einem Programm Nummer 2 im Jänner 2011, das sich *Rouge et noir* nannte. Dem Programmheft vorangestellt war das durchaus selbstkritisch aufzufassende Motto aus der Feder Peter Altenbergs: »Mögen alle, die in einem Cabaret ›ihr Bestes‹ geben, sich es doch auch überlegen, ob sie überhaupt ein Bestes zu geben haben!«

O doch, wir boten Bestes, darunter das Pariser Schattenspiel *Le Sphynx moderne*, das weiland tatsächlich in der *Hölle* aufgeführt worden war – damals bei mäßigem Erfolg, muss man hinzufügen. Der schon zitierte Altenberg hingegen war begeistert gewesen und rügte das Publikum, das es »nicht wert war, dem beizuwohnen«.

Für meine Conférence vermummte ich mich als jiddelnder Pharao, der nun zu Cover-Ehren kommt, und bot einen kleinen Abriss von 3000 Jahren ägyptischer Geschichte:

> Die Ägypter zählen ja bekanntlich rückwärts, also 3000, 2000, 1000 vor Christus. Und genauso bei den Pharaonen: Ramses XIV., Ramses XIII., Ramses XII., … Diese Ramsese waren im Altreich. Meine Familie, die Tuts, sind eher neureich. Mein Großvater war Moses Tut der Dritte, mein Vater Moses Tut der Zweite und so weiter.

Ich erzählte Schnurren von Nofretete und ihrem Vater Nofretate sowie vom Perserkönig Kambyses, »nicht zu verwechseln mit dem Schiffskoch Kombüses«.

Im Finale I durfte ich, nur mit einem Baströckchen bekleidet, in einen ekstatischen südamerikanischen Tanz einfallen.

Die Idee war Georg Wacks im Jahr davor bei *South Pacific* in der Volksoper gekommen, wo ich ebenfalls dieses rare Kleidungsstück aus der südlichen Hemisphäre getragen hatte. Meine Mutter sprach ein ernstes Wörtchen mit ihm und untersagte für alle Zukunft, ihren Sohn oben ohne dem Volk zuzumuten. Der Kritiker Stefan Ender streute uns im *Standard* hingegen Rosen,

> … dennoch: Ein Naheverhältnis zum Pensionsalter und zwei, drei Gläser Wein werden begleitend zur Konsumation des Programms wärmstens empfohlen.

Radikale Tiere

Das dritte Programm, *Im Opiumrausch* (2012), führte uns zunächst zum Fototermin in das berühmte Hotel Orient. Es ging aber nicht so glatt weiter, denn unsere Aufführungsserie musste wegen eines Wasserrohrbruches im Souterrain des Theaters an der Wien um einige Wochen verschoben werden. Georg Wacks versandte das lakonische Rundmail: »Die Hölle steht unter Wasser!«

Als wir dann antreten durften, brachte Georg das Lied »Who paid the rent for Mrs. Rip van Winkle« zum Vortrag, ich hatte es einzumoderieren:

> Einmal richtig ausschlafen, davon träumen wir doch alle. Eine mythische Figur aus der amerikanischen Ur- und

... oder: Das unterirdischste Theater der Welt

Frühaufsteher-Geschichte hat sich diesen Traum erfüllt: Auf der Flucht vor seiner dominanten Ehefrau ging Rip van Winkle in den Wald und schlief dorten ein – für 20 Jahre. Als er aufwachte, war der König von England Geschichte und George Washington war Präsident – der Herr van hatte in seinem Wald-Winkel den ganzen amerikanischen Unabhängigkeitskrieg verpennt!
Diese Geschichte wurde von allen Seiten beleuchtet – unterbelichtet blieb lange ein Aspekt: Was geschah in den 20 Jahren eigentlich mit Frau van Winkle? Wer zahlte die Miete für die Gnädige? Ein Lied aus dem Jahr 1914 beantwortet diese Frage – Al Jolson hat es in einem einmaligen Gastspiel in der *Hölle* knapp vor Ausbruch des Ersten Weltkrieges hier gesungen.* Sie haben sich sicher schon gefragt, woher der Begriff kommt: »Das ist schon die halbe Miete« – genau daher!

Ein persönlicher Höhepunkt für mich war mein Auftritt in einem prachtvollen Hahnenkostüm (Elena und Stefan kümmern sich stets liebevoll um die Ausstattung). Ich verkörperte den Gockel Chantecler an der Spitze seiner »animaux radicaux«, die von den anderen Angehörigen des Ensembles dargestellt wurden.

Sie erkennen misch? Nein, isch bin nischt der Coq-au-vin, auch nischt der Hahn im Öl. Ich bin der große Chantecler. Edmond de Rostand hat mir ein literarisches Denkmal

---

* Das ist eine glatte Lüge, aber nicht die einzige, die wir in der *Hölle* erzählt haben. Eine andere war zum Beispiel, dass die Mexikanerin Frida Kahlo sich in der *Hölle* als Schnellzeichnerin verdingt und hier einmal das Porträt des *Hölle*-Stammgastes Leo Trotzki angefertigt hat.

gesetzt. Aber leider, das Denkmal hatte einen Durchfall. Ein Herr Eisenbach (Monsieur Ruisseau de fer) hat mich sogar parodiert. Für misch aber folgten lange Jahre in der Provinz, oder, wie wir sagen, in der Provence.

Aber nicht allein! Sondern mit einer Gruppe von Talenten … na ja, Talente … was sie können, haben sie von mir gelernt. Was sie nicht können, das konnten sie vorher schon. Ich präsentiere voller Stolz (auf mich), mes animaux radicaux, meine radikale Tiere!

Wir haben für Sie vorbereitet eine Handvoll Fabeln von Jean de la Fontaine (ein Cousin von Oskar Lafontaine), erzählt nur mit den Mitteln der Tiersprache.

Voilà, fable numéro eins: *Le cheval et l'âne* – der Pferd und nischt der Anus, sondern der Esel.

Fable numéro deux: *Le Loup et le Chien* – Der Wölf und der Und, oder, wie der Engländer sagt: Sö Wulf and sö Dog – please.

La chatte métamorphosée en femme (Die Katze metamorphosiert in Frau), dazu begrüßen wir unser charmantes Orchestre.

Züm Schlüss: *Les Frelons et les mouches à miel* (Die Hornissen und die Honigfliegen).

Wir haben Ihren rauschenden Applaus vorausgesehen und eine kleine Zugabe vorbereitet, für die ich um absolute Ruhe bitten möchte: Der kleine Fisch und der Fischer – *Le petit poisson et le président*.

Das war's – ça était ça! Chantecler et ses animaux radicaux! Merci bien!

So kam es zu den Teletubbies

2013 war das denkwürdige Jahr zweier *Hölle*-Programme: Im März wurde die Parole *Streng vertraulich* ausgegeben, im November ertönte der *Ruf der Heimat*.

Das Triadische Ballett anno 1916: So sah das Ur-Teletubby aus!

Eine Rekonstruktion des *Triadischen Balletts* (genau genommen seiner Urfassung aus 1916) hüllte meine Mitstreiter in unfassbare Kugelkostüme. Ich servierte als volkstümlicher Off-Sprecher historische Wahrheiten, gewürzt mit unhistorischem Blödsinn (oder umgekehrt):

Herzlich willkommen, live aus dem Turnsaal von Chemnitz. Sie werden sagen: Hallo, das ist doch Karl-Marx-Stadt, aber nein, der reizende Ort heißt wieder Chemnitz.
Wir haben heute einen besonderen Leckerbissen für Freunde des historischen experimentellen Tanzes: Das

Triadische Ballett von Oskar Schlemmer. Am Beginn der 1920er-Jahre ist es im Bauhaus in Weimar entstanden, der Schlemmer-Ossi war damals dorten als Teilzeit-Kassierer angestellt, und da blieb ihm natürlich a Massa Zeit für solche Sachen. Die Wurzeln von dem *Triadischen Ballett*, die finden wir auch wieder in der Wiener *Hölle*, wie so viele alte Wurzen.

»Triadisch« – das kommt vom griechischen Dreier, Sie wissen ja, dass die alten Griechen den flotten Dreier besonders geschätzt haben, besonders, wenn ein junger Grieche dabei war. Da denken wir natürlich an den griechischen Schenkelforscher Pythagoras. Alles hat dada mit 3 zu tun. Die Musik, das sind Dreiklänge, es sind immer drei Tänzer, man sieht die drei geometrischen Grundformen Kreis – Quadrat – Dreieck und so weiter. Kann keiner mehr sagen, aller guten Dinge sind drei!

Da hab ich einen Tagebucheintrag Schlemmers aus dem September 1922 gefunden: »(...) Das *Triadische Ballett*, das mit dem Heiteren kokettiert, ohne der Groteske zu verfallen, das Konventionelle streift, ohne mit dessen Niederungen zu buhlen, zuletzt Entmaterialisierung der Körper erstrebt, ohne sich okkultisch zu sanieren, soll die Anfänge zeigen, daraus sich ein deutsches Ballett entwickeln könnte« – was des jetzt auch immer heißen mag.

Höhepunkte damals waren *Joost Schmidt im Ringkampf mit sich selbst*, da hat sich mancher zerkugelt, oder Andor Weininger. Seine Auftritte sind stets ganz besondere Ereignisse gewesen. »Andy«, wie er genannt wurde, hat mit abstrakten Liedern und kabarettistischer Begabung die Herzen derart gerührt, dass manchen die Tränen mit den Schweißperlen vom Tanzen zusammengeflossen sind. Der Andy hat auch im

Kabarett *Die Jungfrau* als Texter gearbeitet, aber die Jungfrau hat nur ein ganz kurzes Leben gehabt.
Ossi Schlemmer hat übrigens auch das bekannte surrealistische Gedicht geschrieben: »Punkti-Punkti, Strichi-Strichi, fertig ist das Mondgesichti.« Das kennen Sie vielleicht.
Die Originalkostüme, das möchte ich erwähnen, wurden vom Baumax Chemnitz zur Verfügung gestellt. Das *Triadische Ballett* hat unglaubliche Auswirkungen gehabt, bis hin zum englischen Kinderfernsehen: Es sind in den 1990er-Jahren die Teletubbies daraus entstanden!
1926 zu den Festtagen Neuer Tonkunst in Donaueschingen hat's eine Musik von Paul Hindemith gegeben, die Gott sei Dank verloren gegangen ist. Deswegen spielt die Kapelle jetzn eine andere Musik, und das gibt uns die Gelegenheit, dem bekannten ostdeutschen Komponisten Richard Wagner von Herzen alles Gute zu seinem 200. Geburtstag zu sagen!

… und plötzlich erwuchs aus der *Tannhäuser*-Ouvertüre, die unser Orchester in Kammerfassung intonierte, ein geradezu unanständiges *Happy Birthday*.

»Die ausgestopften Niagara-Fälle«

Ebenfalls in diesem Programm war eine Panoptikum-Schau aus dem Etablissement des legendären amerikanischen Zirkusunternehmers P. T. Barnum, die sich Georg Wacks in den Kopf gesetzt hatte. So moderierte ich – nicht zum letzten Mal böhmakelnd – durch den Unsinn:

Willkommen in der Wunderwelt des P. T. Barnum! Piti ist natürlich kein Name, werden Sie sagen, aber er hat sich dennoch in der Umgangssprache festgesetzt. Wenn ein Amerikaner etwas besonders außerordentlich findet, sagt er heute noch: »What a Piti!«

Barnums erste Heldentat als Schausteller war, dass er 1835 die 161-jährige Amme von George Washington ausgestellt hat, die allerlei Schnurren und Schnaken aus dem Leben des allerersten amerikanischen Präsidenten erzählt hat. Wie sie dann gestorben ist, haben die Ärzte gemerkt, dass die Dame erst höchstens 80 Jahre alt war und den alten Washington nicht einmal flüchtig gekannt hat.

Aber das hat den Barnum nicht gestört, der hat sich mit dem Geld, das er bei dem Schwindel verdient hat, schon in New York ein riesiges Kuriositäten-Museum gebaut, wo sich Millionen Leute eine original Fidschi-Meerjungfrau, musizierende Kannibalenhäuptlinge und die ausgestopften Niagarafälle angeschaut haben.

Wir haben jetzt das unschätzbare Glück, dass Piti Barnum auf seiner Europatournee auch in der Hölle haltmacht und allerlei Fabelwesen präsentiert. Einige davon können Sie heute bestaunen; leider nicht alle. Zum Beispiel *Die Frau ohne Schatten* ist uns mitten während der Tournee von Richard Strauss wegvertont worden. Der Schnellsprecher *Pollack von Gaia*, welcher in 20 Minuten 10.000 Worte ausspuckt, ist uns abhandengekommen, er hat im Österreichischen Fernsehen eine riesige Karriere unter dem Pseudonym Hugo Portisch gemacht. Und, auch sehr schmerzlich, *die dicke Dame* hat uns gestern gekündigt, aber wir sind froh, dass sie heute im Publikum sitzt, sozusagen privat. Guten Abend, gnädige Frau!

Aber auf der Bühne, was können wir Ihnen da anbieten? Eine Weltsensation nach der anderen. Sie wissen natürlich, was Siamesische Zwillinge sind, aber das sind ganz besondere *zweiäugige Zwillinge*, die an ihren Gesichtsextremitäten zusammengewachsen sind.

(Elena und Stefan erschienen als Siamesische Zwillinge, ihre Schnurrbartenden waren verbunden.)

Unsere nächste Besonderheit wurde 1869 in Cardiff im Bundesstaat New York aufgefunden und ist ein vorsintflutliches Fossil. Der *Riese von Cardiff*, drei Meter neunzig in der Höhe und Schuhgröße 72, obwohl er grad keine Schuh anhat.

(Der Vorhang hob sich und man sah eigentlich nur eine riesige Hose.)

Nach langem Grübeln haben wir uns entschlossen, Ihnen den *Mann ohne Kopf* nicht zuzumuten: Herr Prof. Becker aus Berlin hat sich im Kopfabschneiden auf offener Bühne unschätzbare Verdienste erworben, aber beim Bestaunen dieses Kunststücks sind uns immer wieder Damen im Publikum unpässlich geworden, also besser nicht. Dieser Piti Barnum lustwandelt ja immer an der Geschmacksgrenze herum ...
Stattdessen hat hinter dem Vorhang bereits eine andere tragische kontinentaleuropäische Schiachperchte Aufstellung genommen. Kinder werden vor ihm gewarnt, Frauen fallen vor ihm in Ohnmacht, und sogar einen Gerichtsvollzieher hat er schon einmal in die Flucht geschlagen durch ein bloßes Blähen seines Rüssels. Meine Damen und Herren, der berühmte *Elefantenmensch*!

(Zu einem Tusch hob sich der Vorhang und Martin Thoma stand stoisch und mit einem Jutesack über dem Kopf auf der Bühne.)

Er hat eine schwere Kindheit gehabt, in der Volksschule haben ihn alle Sackgesicht genannt, no, das ist doch nicht schmeichelhaft. Aber hier bei Barnum hat er eine Heimat gefunden.

Martin: »Stimmt gar nicht, ich hatte eine wunderbare Kindheit.«

Schau dass d' weiterkommst. Dankeschön, Applaus für den Elefantenmenschen!
Lauter seltsame Kreaturen, die alle was Besonderes haben – oder nicht haben, wie im Falle unserer nächsten Dame: Es ist die *Astrologin ohne Unterleib*, eine Kartenauf- und -abschlägerin aus Tschenstochau und immer recht mies gelaunt. Kein Wunder, was würden Sie sagen, wenn Sie auf keinem Kanapee Platz nehmen könnten, sondern immer unterleibslos auf einem Kartentisch hocken müssten? Jedenfalls Applaus für die zwidere Astrologin ohne Unterleib!
Aber hinter dem Vorhang lauert schon unsere nächste Weltattraktion. Vielleicht erinnern Sie sich noch an die sibirischen Tarnkappenbomber-Experimente. Leopolda Ustwolskaja hat damals als Schreibkraft im nationalen Tarnkappenbüro gearbeitet. Vor sieben Jahren war sie einer militärischen Geheim-Chemikalie ausgesetzt, und seitdem ist sie nicht mehr wahrnehmbar, nur am Geruch ... Leopolda Ustwolskaja, die *unsichtbare Frau*!

(Der Vorhang hob sich, zu sehen war ... nichts.)

Ihr treusorgender Gatte nennt sie liebevoll »Unzi«. Eigentlich ist sie ja *natürlich blond*, aber danach kräht kein Hahn* ... weil der Hahn hat angesichts der Chemikalie seine Stimme verloren.
Ein ganz besonderes Schicksal hat auch Moishe Midget Armstrong. Er stammt eigentlich aus dem lieblichen Ort Apetlon, seine Eltern haben ihn strafweise immer im Seewinkel stehen lassen, und dort haben sie ihn bei der großen Auswanderungswelle 1870 vergessen. Aber Moishe Midget Armstrong hat sich durchgeschlagen und hat eine geradezu märchenhafte Karriere gemacht als fünfter *Zwerg* von immerhin sieben. Jahrelang war er mit Fräulein Schneewittchen liiert, das ist unrühmlich auseinandergegangen, wie Sie vielleicht den Gazetten entnommen haben. Aber bei Barnum hat er einen neuen Freund gefunden, der stammt eigentlich aus Bukarest. Ein Applaus für Moishe Midget Armstrong!

(Georg Wacks hampelte als dieser in einem wirklich geschmacklosen Zwergenoutfit über die Bühne, begleitet wurde er von seinem »neuen Freund«, Martin Thoma im Bärenkostüm.)

Aber jetzt zum krönenden Abschluss unserer Kuriositätenschau! Der legendäre *Kunstpfeifer* Jean-Jacques Brume-de-Nord ist in der *Hölle* ja kein Unbekannter, aber kaum bekannt ist, dass sein geliebtes Haustier, eine *serbische Weihnachtsgans*, ihrem Herrchen über die Jahre die Kunstfertigkeit abgelauscht hat, mit Mundgeräuschen die Herzen zu rühren. Wir haben die kluge Kreatur nun zu Gast.

---

* Dies war eine Frechheit gegen das nur mäßig erfolgreiche VBW-Musical *Natürlich blond*.

So bedankt sich jetzt schon für Ihre atemlose Aufmerksamkeit Ihr treuer Clown Zloty und verabschiedet sich von Ihnen mit dem Ruf: *Schwan drüber!*

Im Anschluss an diese schamlose Eigen-Buch-Werbung hob sich der Vorhang, Stefan Fleischhacker wurde, mit weißen Flügeln angetan von der Decke hängend, sichtbar und pfiff virtuos den *Schwan* von Camille Saint-Saëns.

Das ist die späte Therese Giehse. Ich finde, da sehe ich noch eher Herrn Villazón ähnlich (hoffentlich!).

Stefan Ender machte mir nach dieser Show das bezaubernde Kompliment, dass ich »phänotypisch immer mehr an die späte Therese Giehse« erinnerte. Und ein andermal, als ich eine feurige Flamenco-Tänzerin darzustellen und *Komm doch ein bisserl mit nach Madrid* zu trällern hatte, urteilte der treue Chronist: »Was ihm an Oberweite fehlt, das macht er eine Handbreit erdwärts wieder wett.« (Siehe Abbildung im Farbteil.)

»Treffen sich zwei Eidechsen in der Annagasse ...«

Im Herbst brachten wir dann unter anderem *Einer flog über die Klatschmohnwiese* zur Aufführung – ein grandioses Hirngespinst von Georg Wacks, das die natürlich unsichtbaren Darbietungen in einem Flohzirkus zum Inhalt hatte. Ich erschien als wohlgerundete, abermals makellos böhmakelnde Biene Maja und sprach:

Also, was soll ich Ihnen erzählen. Es sind schwere Zeiten für Bienen. Vom Bienensterben einmal abgesehen – sterben müssen wir alle –, aber auch die Zeiten auf der Klatschmohnwiese haben sich geändert. Dort hat ein magersüchtiges 3D-Imitat von mir die Macht ergriffen, auch Karel Gott wurde zum Schweigen gebracht. Mir blieb nichts anderes als das Exil mit einigen wenigen Getreuen – der faule Willi, der schiache Kollaborateur, war sogar zu faul, um mitzukommen.

Wir, ein kleines Häuflein Aufrechter, mussten schauen, wo wir bleiben und wie wir unseren täglichen Honig verdienen. Meine Idee war die Wiederbelebung einer alten Zirkustradition: des Flohzirkus! Diese hochbegabten und überaus kräftigen Insektenkollegen sind Athleten und Künstler zugleich: also das, was man Artisten nennt. Anmontiert an Drähten, vollführen die Flöhe Kunststücke, mit denen wir Sie jetzt unterhalten wollen. Wir, das sind ...

(Und nun erschienen nach und nach Georg als kreischender und gelenkiger Grashüpfer, Elena als grause Spinne, Stefan als drahtige Ameise und Martin als Stubenfliege mit zwei Milchsieben vor den Augen.)

... der Grashüpfer Flip (seit er im Stimmbruch ist, hält er sich für eine Grille), die Spinne Thekla (sie hat nie ein Hoserl an und ist überhaupt eine nette Person), mein Freund, der Ameisenoberst, und die Stubenfliege Puck – ist hoffentlich kein Eintagsgastspiel.
Als Erstes haben wir eine Clownnummer für Sie vorbereitet. Ursprünglich für drei, kreiert von den legendären ukrainischen Zirkusclowns Tschekow, Popov und Fackoff. Die tragischen Umstände, warum es nur mehr zwei sind, erspar ich ihnen, auch Flöhe leben halt nicht ewig. Es sind zwei liebevoll dressierte Nasenflöhe, und die Nummer heißt: *Treffen sich zwei Eidechsen in der Annagasse, die eine hat Geburtstag.*

(Der Vorhang hob sich, man sah natürlich nichts außer den Flohführern, doch zu ihren Bemühungen erlog ich unter anderem eine Tortenschlacht, einen Sturz vom Pferd und einen Tritt in den Hintern, den ein Floh am anderen ausführt.)

Jetzt verbeugt's euch schön. Nun eine musikalisch-tänzerische Darbietung. Madame Thekla hat auf ihrer Fioline den *Flohwalzer* einstudiert. Dazu bieten drei Flohtanzpaare eine entzückende Choreografie. Sehen Sie selbst – Alles Flohwalzer!
Der heißt übrigens so, weil die Musik von F. Loh, also Ferdinand Loh ist, der war in erster Ehe mit Marika Lichter verheiratet. Damals hieß sie Marika Lichter-Loh, den Namen hat sie bald geändert.
Jetzt wird es temporeich. Es gibt ja unter den Flöhen Tänzer, Springer (ein gesunder Floh kann eine Distanz von – auf unsere Körpergröße umgerechnet – 700 Meter springen)

und Läufer. Und die Läufer haben sich jetzt versammelt zum erregenden Flohrennen. Los geht's!

(Plötzlich stürzte Flip alias Wacks ins Publikum ...)

Jetzt ist ihnen einer ausgekommen, aber unsere Jagdgrille hat die Verfolgung aufgenommen.

(... holte einer Dame hinter dem Ohr den vermeintlich entlaufenen Floh hervor und hielt ihn unter triumphierendem Gekreisch hoch.)

Das ist keiner von uns, Flip, gib ihn zurück!

Sie kennen vielleicht den Sturm im Wasserglas, aber jetzt kommt der Sprung ins Wasserglas. Selbst für einen Floh ist das ein winziger Behälter, die Spannung ist riesengroß. Eine Nummer aus der uralten burgenländischen Tradition des Flohzirkus. Flobert Darabos heißt der Tollkühne, der den Todessprung von Acapulkaprodersdorf ausführen wird.

(Zu den Klängen von *Also sprach Zarathustra* sprang der Floh ... offenbar daneben.)

Nicht jeder Versuch kann gelingen, aber immerhin einen postumen Applaus für Flobert Darabos!

Das Finale, in dem »der stärkste Floh der Welt, Flohbelix« in Erscheinung trat, will ich Ihnen ersparen. Manchmal muss man den Leserinnen und Lesern einfach nachsichtige Zuneigung beweisen!

Eine Radio-Séance

Wann ich – mit der Stimme von Günther »Howdy« Schifter – auf der *Hölle*-Bühne die *Séance* mit Tischerlrücken und Geistererscheinungen moderierte, kann ich nicht mehr rekonstruieren. Der Text findet sich jedenfalls in meinen Unterlagen, und ich nütze die Gelegenheit gerne, um unser Orchester, das Ensemble *Albero Verde* (natürlich eine Übersetzung des Namens *Grünbaum*) vorzustellen. Und Sie stellen sich bitte Schifters sonores Organ beim Lesen dieser Zeilen vor.

Willkommen, sehr geehrte Freunde des Übersinnlichen, liebe Mädeln und Buben, zu unserer Rradio-Liveübertragung der Fest-Séance aus der Hölle. Heute wird hier Joseph Urban heraufbeschworen, der Architekt des Etablissements. Haha, Sie erinnern sich.
Aber zuerst möchte ich unser rreizendes Orchester vorstellen. Klein, aber fein. An der ersten Violine: Babsi, streng aber rhythmisch – Barbara Klebel-Vock. An der zweiten und letzten Violine, haha, nichts für ungut, keiner spielt feiner

Für das Programm Streng vertraulich *ließen wir uns im Staatsarchiv ablichten. Armes Staatsarchiv.*

... oder: Das unterirdischste Theater der Welt

Georg, Stefan, Martin und ich besteigen die Diva; im Vordergrund Reb Brunner

als Rainer – Rainer Ulreich! Am Cello unser bezaubernder Kärnten-Flüchtling, Ruth tut gut – Ruth Ferlic. An der Klarinette der Mann, der sich schon seit frühesten Kindertagen redlich vom Kletzmer-Brot nährt – Reinhold Brunner*. Und unsere feste Burg am Klavier, der Hannes, der kann es – Hannes Drobetz!

(Hannes war die Karenzvertretung für die ansonsten stets tätige Christina Renghofer, die zu jener Zeit ihre Zwillinge gebar.)

---

* Bei der virtuosen Darbietung des Klarinettensolos in der Nummer *Auf nach Großwardein* hatte sich Reinhold übrigens den Ehrentitel »Reb« Brunner erspielt.

Aber jetzt legen wir los mit unserer Radio-Séance … Es ist ja eigentlich mehr eine Hör-ance, haha, stimmt genau. Josef Urban, bitte melden, werden wir schauen, ob unser Ensemble Erfolg hat. Erwähnen möchte ich noch: Die wissenschaftliche Beratung bei diesem Festakt liegt bei Lotte Ingrisch.
Schon hebt sich der Tisch … und die Flasche mit ihm! Sie können's ja leider nicht sehen, also müssen Sie mir glauben. Aber eins kann ich Ihnen sagen, hier geht's gruslich zu … huuu. Eins haben wir in Erfahrung gebracht, der Josef Hoffmann war ein Damenschuh-Fetischist … und wirklich, da fliegt schon ein Schuh! Und ein Laib Brot kostete damals eine Krone zwanzig.
Unsere Diva, die trägt ein Original-Klimt-Kleid … ja, der Klimt-Gustav hat wieder gerne Kleider angehabt, und im Gartenbaukino spielte man damals *Ein Pyjama für zwei*.
Jetzt geht ihr doch wirklich der Hut hoch! Schade, dass Sie nur Radio haben, aber immer noch besser als Schellacks und Schellacks …

Ali Bagger und die 40 Räumer

2014 erschien dann unser bislang letztes Programm. Georg Wacks war so leichtfertig, es *Die letzte Nacht* zu nennen – wir sind alle erleichtert, dass weitere Nächte folgen werden.

Ich feierte meinen bis dato wohl größten Erfolg als stummer Schaftträger, während Georg im Faunskostüm rezitierte »Ich traf im Wald der Schäferinnen eine …«

Und ich durfte als pensionierter Athlet im schwarz-weiß-gepunkteten Trikot das »Internationale Jubiläums-Festturnen« präsentieren:

... oder: Das unterirdischste Theater der Welt

Mein Karrierehöhepunkt: mit Perücke, Schaf und Wacks

Willkommen zum athletischen Teil unseres Abends. Ich würd ja so gerne mitmachen, aber eine Leistenschwäche untersagt mir das Heben schwerer Gewichte, zum Beispiel meines eigenen ... also präsentiere ich Ihnen voll wehmütigem Stolz eine Handvoll aktiver Kollegen, die Ihnen die Freude an körperlicher Tätigkeit näherbringen sollen.
Wenn ich so an meinem Kostüm herunterblicke, muss ich an den Witz denken: Kommt ein Dalmatiner in den Supermarkt ... Sagt die Kassierin: »Sammeln Sie Punkte?«
Aber nein: Das ist das Fell eines Schneeleoparden, den ich im Zentralasiatischen Hochgebirge mit eigenen Händen erdrosselt habe. Und zwar ist das dort, wo vor 100 Jahren noch die Angehörigen der indischen Minderheitsreligion

gewaltsam zum Schweigen gebracht wurden. Seitdem trägt diese Gegend auch den Namen »Hindu-kusch«.
Aber reden wir nicht so viel von mir. Meine athletischen Kolleginnen und Kollegen scharren schon in ihren Löchern, und ich begrüße mit großer körperlicher Rührung den Arbeiter-Turnverein und Athletikclub Vorwärts, ehemals Turnerbund Jung-Siegfried – damals waren sie noch rückwärts.

Zu den Klängen von *Heut ist der schönste Tag in meinem Leben* trat nun die Turnerriege auf, die ich wie folgt vorstellte:

Ella Hopp, die stärkste Frau der Welt (früher war sie ja noch a bissel stärker, aber dann hat sie in Karlsbad gekurt).
Schorschi Hackenschmidt, die Ringer-Legende, Träger des graugelben Gürtels in der althebräischen Kampfsportart Judo.
Max, der Mühlstein von Michelowske, Gewichte sind sein Leben, nebenberuflich arbeitet er beim Arbeitsamt für Eichhörnchen- und Vermessungswesen.
Und Salma Wechselstrom, der ehemalige Sprinterkönig, er hat als Erster die Minute in 58 Sekunden zurückgelegt.
Freuen Sie sich nun auf sechs Höhepunkte der Turnkunst!
Und jetzt Vorhang zu für die erste Nummer. Die muss nämlich, wie uns die Zensurbehörde erst vorgestern mitgeteilt hat, aus Jugendschutzgründen hinter dem Vorhang stattfinden.
Darum gleich zur Nummer Nummer 2: Die altfranzösische Hebefigur *Blamage à trois*, die neuerdings auch *Fit im Schritt* genannt wird, aber das gefällt mir nicht so gut.
Und nun: Der stärkste Mann von Michelowske.

Kennen Sie Michelowske? Ein Schadchen hat dort einmal einem jungen Mann eine Frau vermittelt, mit der Garantie, sie sei noch Jungfrau. Nach ein bissel Rumfragen geht der junge Mann zum Schadchen und sagt vorwurfsvoll: »Sie sagen, die ist Jungfrau? Die hat mit ganz Michelowske schon was gehabt.« Antwortet der Schadchen: »Wie groß ist Michelowske?«

Isser schon fertig, der Max? No, jetzt hab ich ihn versäumt. Wir feiern heuer 1200 Jahre Karl der Große, nicht wahr, die Karolinger, die Merowinger, die Kuenringer und die Spitzenringer. Und aus diesem uralten Geschlecht sind jetzt zwei da, Kwetsch und Kwirgs, aber das sind nur ihre Künstlernamen.

(Georg und Martin umkreisten einander lauernd.)

Was is, Kinder, das ist ein Ringkampf und kein Wandertag! Sie erkennen natürlich Schorschi Hackenschmidt, den schnellsten Ringer der Welt. Die türkischen Zwillinge Achmed und Krachmed hat er in 34 Sekunden besiegt – 17 Sekunden pro Zwilling –, den deutschen Kontrahenten Karl Kilopond gar in 29 Sekunden, und für den Franzosen Laurent le Trottoir genügten ihm 24 Sekunden. Auch hier wieder ein klarer Sieg gegen Max den Mühlstein!

Er hat die Strecke Paris–Luzern auf seinen Händen zurückgelegt: Salma Wechselstrom, eigentlich stammt er ja aus Mähren, aber von dort ist er mit der Bahn hergekommen. Eine großartige Darbietung!

Und zum krönenden Abschluss eine klassische Figur des Bodenturnens, inspiriert von *Ali Bagger und die 40 Räu-*

mer. Voilà: Ella, die stärkste Frau der Welt und ihre drei Halbstarken!

Nun wurde mir durch den fallenden Vorhang ein weißer Bademantel gereicht, ich sagte zu den Akkordzerlegungen von Christina Renghofer »Merci ...« – sang aber dann *The Duchess Has a Twinkle in Her Eye* von Walter Jurmann.

Jetzt aber zu meiner dramaturgischen Tagesarbeit, und ein Punkt hinter unsere nächtlich-höllischen Betätigungen! Pardon, Punkt habe ich gesagt.

Paris erleben

... oder: Was macht ein Dramaturg eigentlich (mit)?

Wenn Sie nur Titel und Untertitel dieses Kapitels lesen und die beiden aufeinander beziehen, erhalten Sie natürlich einen vollkommen falschen Eindruck vom Berufsbild des Dramaturgen.

Nein, unsere Aufgabe ist es nicht, die französische Hauptstadt hautnah (oder noch tiefer) auf uns wirken zu lassen. Vielmehr

G'sichter schneiden gehört jedenfalls nicht zum Kerngeschäft des Dramaturgen. Yasushi Hirano hat gerade Timur in Turandot *gesungen, Volksopern-Geschäftsführer Christoph Ladstätter trägt's mit heiterer Gelassenheit.*

ressortiert zu uns, um ein Beispiel zu geben, die Auseinandersetzung mit toten oder, seltener, lebenden Autoren und Autorinnen.

Vor einigen Jahren hatte ich telefonisch Kontakt mit der namhaften Schriftstellerin Elke Heidenreich. Um es vorwegzunehmen: Die Sache ging nicht gut aus. Frau Heidenreich erkundigte sich nach dem Verbleib eines von ihr gesandten Bühnenmanuskripts, ich war ratlos, konnte dies aber nicht so offen zugeben, sie wurde ärgerlich, ich gab Kontra ... und schließlich bellte sie mir durchs Telefon zu, ich sei ein »aufgeblasenes Dramaturgen-Würstchen«.

Ich, wieder nicht faul, erwiderte, ich sei gar kein Dramaturg, sondern nur ein aufgeblasenes Würstchen.*

Würstchen hin, Heidenreich her – »Was macht eigentlich ein Dramaturg?« ist die Frage, die von dieser Episode bleibt. Und diese Frage ist für mich deshalb eine brennende, weil ich ja doch einer bin ... Dramaturg nämlich, sogar Chefdramaturg der Volksoper Wien. Das trägt keineswegs zu meiner Berühmtheit bei. Denn in Wien ist man stolz darauf, nicht zu wissen, wofür ein Dramaturg überhaupt gut sein soll. In anderen deutschsprachigen Ländern, wo man eine ungefähre Vorstellung hat, grassieren »Dramaturgenwitze« – aber dazu reicht es in Österreich gar nicht.

Ich habe übrigens, als Sohn eines Frauenarztes, erst beim Bundesheer erfahren, dass es so etwas wie »Gynäkologenwitze« gibt; ja, mein Vater hat sich sogar geweigert, mich aufzuklären, weil er meinte, das falle unter Berufsgeheimnis. Aber das nur nebenbei.

---

* Einige Zeit später las ich die erste Zeile eines von Frau Heidenreich verfassten Venedig-Buches: »Venedig ist traurig, wenn man sich nicht mehr liebt.« Da dachte ich mir, Frau Heidenreich liebt sich sicherlich unverändert, obwohl sie den richtigen Gebrauch des Wörtchens »einander« nicht beherrscht.

»Ein Verfasser von Saalprogrammen«

Auch Leitungstätigkeiten im Theater schützen vor Unkenntnis nicht: Für den langjährigen (und mit einer Dramaturgin verheirateten!) Staatsopern-Direktor Ioan Holender zum Beispiel erschöpfte sich dramaturgische Tätigkeit im »Verfassen von Saalprogrammen«. Das gehört natürlich dazu, ist aber erst das Ende der Reisen, die man in dieser Funktion wieder und wieder absolvieren darf – und nein, es sind fast nie Paris-Reisen.

Die dramaturgische Reise beginnt beim Beraten des Direktors in der Auswahl von Stücken und der Zusammenstellung eines Spielplans, geht über die Herstellung von textlichen und musikalischen Fassungen (natürlich geleitet von Regisseur und Dirigent), das kritische und kreative Begleiten von Proben und mündet schließlich in der Vermittlungsarbeit – zu dieser zählt die

Bobinet (Rasmus Borkowski) und Gardefeu (Daniel Prohaska) fallen einander (Frau Heidenreich würde schreiben »sich«) in die Arme, weil die neuen Liedtexte so gut sind.

Erstellung eines Programmheftes, aber auch gesprochene und geschriebene Einführungen aller Arten.

In dieser letzten, der Vermittlungs-Phase, hat der Dramaturg auch die Chance, öffentlich wahrgenommen zu werden. So wie der Marathonläufer, der ins Stadion einzieht, hat er zuvor schon zig Kilometer auf dem Buckel beziehungsweise viele Monate mit dem betreffenden Werk und der dazugehörigen Produktion absolviert.

Handeln wir aber des Dramaturgen Tätigkeit nicht zu trocken theoretisch ab; stürzen wir uns in das Vergnügen (hoffentlich ist es auch eines für Sie) einer Texterstellung.

Während mir ein Großteil der Bevölkerung wohl nur eine Befassung mit Frau Paris Hilton zutraut, durfte ich mich Anfang 2015 im Rahmen meines Dramaturgenberufs der Operette *Pariser Leben* von Jacques Offenbach zuwenden. »Die da draußen« glauben ja zumeist, man spielt einfach ein gegebenes Stück vom Blatt. Für viele Opernwerke gilt das auch. Wenn man aber eine französische Operette des Jahres 1866 eineinhalb Jahrhunderte später in deutscher Fassung spielt, muss man sich an die Arbeit machen: übersetzen, neuerfinden, probieren und verwerfen … Worüber wurde damals gelacht? Wogegen wendeten sich die zeitkritischen Spitzen?

Oftmals wird »Werktreue« als buchstabengenaue Reproduktion einer alten Vorlage missverstanden. Der Regisseur der Volksopern-Produktion von *Pariser Leben*, der Niederländer Michiel Dijkema, brachte dieses Missverständnis auf den Punkt: »Offenbach und seine Librettisten haben ein zeitgenössisches Paris gezeigt, und wenn man werktreu sein will, muss man das auch tun.«

Die vom Verlag zur Verfügung gestellte Textfassung von Wolfgang Böhmer war eine wichtige Basis unserer Arbeit; allerdings musste sie den Vorgaben des Regisseurs und auch dem wienerischen Umfeld angepasst werden. Dieser Arbeit stellte ich mich nicht alleine – war also auch hier nur »Mit-Macher« –, sondern mit der Hilfe des Studienleiters der Volksoper, Klaus Busch. Der Studienleiter ist das musikalische Rückgrat*, sozusagen der »Chefpianist« des Hauses, der die musikalische Einstudierung überwacht. Im Laufe unserer Zusammenarbeit trug Busch allerdings viel mehr bei als nur die »Sangbarkeit« der Übersetzungen zu prüfen. Er berücksichtigte den musikalischen Stil ebenso wie die Stimmung der Situationen, übte fundamentale Kritik, wenn ich schon der Meinung war, der Text sei fertig, war ein unermüdlicher (Selbst-)Kritiker unserer Erfindungen und hatte sicher genauso viel Anteil am Zustandekommen der deutschen Fassung wie ich.

Im Folgenden gebe ich einige unserer deutschen Texte wieder – genau wissend, dass sich der Reiz dieser *aus* und *für* Musik erfundenen Zeilen nur *mit* der Musik entfaltet; nämlich mit Jacques Offenbachs genial-spritziger, zügellos-komischer, rauschhaft-entfesselter Musik.

»Wie schön ist doch Europa,
reist man mit der Bahn«

Welchen besseren Ort für die Textierung der *Introduction* hätten wir wählen können als ein Coupé der Bundesbahn – Busch und ich fuhren nach Bonn und hatten ausgiebig Zeit, uns die erste,

---

* Ein Künstlergespräch mit dem langjährigen Studienleiter der Staatsoper, Dr. Ronald Schneider, eröffnete ich so: »Ronnie, du bist das musikalische Rückgrat des Hauses«, worauf er schlagfertig zurückgab: »Ich hab schon gefürchtet, ein anderer Körperteil.«

auf einem Bahnhof spielende Szene von *Pariser Leben* vorzunehmen.

Der Chor der Bahnangestellten plappert eine Folge von Haltestellen »in karnevalisierter Reihenfolge« (Albert Gier) heraus: Saint Malo in der Bretagne, dann Batignolles (ein Vorort von Paris), dann Brest (ebenfalls Bretagne) ... Der Chor der Reisenden, den sich Regisseur Dijkema hier wünschte, hat bei uns einen mühevollen Weg durch alle möglichen unglaubwürdigen Nebenschauplätze hinter sich, um »endlich« am Pariser Gare du Nord anzukommen. Wir fanden eine neue, ziemlich absurde Reiseroute:

Wie schön ist doch Europa, reist man mit der Bahn.
Mit Stockholm, Kopenhagen und Kiel fing es an.
Hamburg, dann Lüneburg, Magdeburg, Oldenburg,
Ochsenfurt, Schweinefurt, Frankenfurt, Klagenfurt,
erst Osnabrück, Weserbrück, dann Brück an der Mür.
Düsseldorf, Hütteldorf, Hadersdorf-Weidlingau.
Wie klein ist doch Europa, reist man mit dem Zug,
von Ländern und von Menschen kriegt bald man genug.
Eisenach, Lauterach, Mistelbach, Offenbach,
Gols, Wels, Möst, Krems, Wien-West,
Traun, Retz, Gmünd, Lainz, Graz, Linz,
Pötzleinsdorf, Floridsdorf, Kritzendorf, Lunz am See.
Salzburg, Augsburg, Freiburg, Straßburg und ... Luxemburg.
Von allzu viel Europa wird uns noch ganz mies,
dabei wollen wir die ganze Zeit nur ins Paradies:
Wann endlich sind wir ... endlich sind wir in Paris!

Unsere Sorge bei diesen Zeilen galt einzig der Möglichkeit, dass »Von allzu viel Europa wird uns noch ganz mies« als politisches Statement missverstanden werden könnte …

»Eine Frau mit Stil«

Die beiden Pariser »Lebemänner« (man darf heutzutage und hierzulande ruhig »Hallodri« oder »Strizzi« dazu sagen) Gardefeu und Bobinet werden am Bahnhof von ihrer Flamme, der »Halbwelt-Dame« (alias Edel-Hure) Metella, abserviert. Die gekränkten Herren beschließen, »alles anders« zu machen. Zuerst ist Gardefeu am Wort, der nach Geist strebt:

> Ihr Frauen von der leichten Sorte,
> von euch hab ich die Nase voll.
> Euch fehlt der Geist, mir fehl'n die Worte,
> wenn ich von Liebe reden soll.
> Wenn immer nur die Körper sprechen,
> ist das auf Dauer nicht genug.
> Ihr Weiber, ich werd' mich an euch rächen,
> beenden diesen Selbstbetrug.
> Setzen wir uns ein neues Ziel,
> noch heute suchen wir uns eine Frau mit Stil!

… dann ist Bobinet dran, dem es eher um materielle Sanierung geht. Doch auch er benennt das Ziel seiner Wünsche als »eine Frau mit Stil«:

> Auch ich muss mich neu orientieren,
> die teuren Weiber sind mein Grab.
> Ich habe keine Zeit zu verlieren,

weil ich mein Geld verloren hab.
Ich werd' mir eine Reiche finden,
mehr fehlt mir nicht zu meinem Glück.
Verlassen wir den Pfad der Sünden
und kehr'n zur Tugend wir zurück.
Setzen wir uns ein neues Ziel,
noch heute suchen wir uns eine Frau mit Stil.

Ein schwedisches Touristen-Ehepaar, Baron und Baronin* Gondermark, tritt auf den Plan. Gardefeu glaubt in der Baronin sofort seine Traumfrau zu erkennen. Sie strebt in der französischen Kapitale nach Kunstgenüssen. Klaus Busch fiel dazu ein gewagter Reim ein, der auch noch den angenehmen Effekt der Volksopern-Eigenwerbung hat:

Ich möcht' die Oper gern beehren
und dort die Frau Netrebko hören.
Am Tag danach, die Karten hamma,
in Villazóns *Viva la Mamma*.

Der Baron dagegen sieht in Paris eher die Hauptstadt der Liebe und ist entschlossen, diese zu erkunden:

Französisch lernte ich heimlich schon,
doch jetzt, da in Paris ich bin,

---

* Als Baronin war neben Caroline Melzer auch Ursula Pfitzner besetzt. Bei einer Probe erlaubte ich mir die Anmerkung, dass sie sich beim Kennenlernen noch zögerlich und nicht gleich voll entflammt geben sollte. Darauf Ursula: »Na gut, steh ich halt da wie ein stinkertes G'söcht's.« Darauf Regisseur Dijkema: »Das habe ich jetzt nicht verstanden.«

... oder: Was macht ein Dramaturg eigentlich (mit)?

Gehört eigentlich nicht zu Paris*er Leben: Der zeichenwütige Rolando Villazón schenkte der Kollegenschaft dieses Toitoitoi-Bildchen zur Premiere von* Viva la Mamma.

wünsche ich mir zur Perfektion
so eine Art Lehrmeisterin.

»*Die Damen sind mein Steckenpferd*«*

Man zieht durch Paris und begegnet dort auch dem Brasilianer, der in unserer Fassung einen vollkommen neuen Anstrich erhielt. Ist er im Original noch ein Tourist aus Übersee mit dem klangvollen Fantasie-Namen Pompa di Matadores, der regelmä-

---

* Mit dieser Zeile habe ich übrigens einen eigenen Kabarett-Text aus den frühen 1980er-Jahren recycled – siehe Seite 185f.!

ßig das in Brasilien verdiente Vermögen in der Seine-Metropole verprasst, so handelt es sich bei uns um einen Zuhälter, der in den leichten Pariser Mädchen eine solide Einnahmequelle gefunden hat. Boris Pfeifer schoss den Text in maschinengewehrartigem Tempo souverän ins Publikum:

Ich stamme aus Brasilien her
Und wohn' schon lange in Paris.
Mir ist das Liebesglück gewiss,
mein Konto ist millionenschwer.

Die Liebe hat mich reich gemacht,
jetzt fragen Sie, wie geht das zu?
Verliert man doch sein Geld im Nu,
hat man sich eine angelacht.

Zuletzt lacht nur der feine Herr,
der hier die Liebe arrangiert,
der animiert und abkassiert.
Und drum bin ich millionenschwer!

Die Damen sind mein Steckenpferd,
doch nicht zum eigenen Gebrauch.
Ich liebe sie, doch Geld noch mehr,
und so wie's scheint, liebt es mich auch.

Einmal im Jahr gönn ich mir was
und flieg nach Rio rüber,
ich hab zwei Wochen meinen Spaß,
doch hier ist es mir lieber.

Nur weil ich so sensibel bin,
sehn ich mich nach Paris zurück,
denn hier, da liegt das echte Glück,
das heißt: l'amour, Pariserin!

Ein neues Spiel, ein neues Glück!

Hurra, hurra, hurra! Das ist mein Element,
hier schwimm ich wie der Fisch im Teich.
Hurra, hurra, hurra! Ich werd' unendlich reich,
reich wie ein Scheich, ein Scheich am End!

Ich mag die Große und die Kleine,
die langen und die kurzen Beine,
sie laufen und ich halt zu ihnen*:
Die herrlichen Pariserinnen!

Ihr macht die Nacht mir zum Tag,
ja, die Fraun, ich kenn sie alle.
L'amour, wie ich sie mag,
Kleine, Dünne, oder Dralle.

Kommt in der Liebe Hafen,
dann kann ich ruhig schlafen.
Noch im Schlafe will ich mehr,
ja, denn ich liebe euch so sehr.

Das ist für mich Paris:
Ein Liebesparadies!

---

* Ich dachte bei dieser Zeile an den Beruf des Zuhälters ... ob das jemand verstanden hat?

Das hier größtenteils neu getextete Couplet des Brasilianers ist auch mit einer unvergänglichen Theateranekdote verknüpft, die ich schon in meinem Buch *Schwan drüber* erzählt habe und es trotzdem nochmals tue: Der große Fred Liewehr, Brasilianer an der Volksoper und ein legendärer »Hänger«, lieferte das heikle Stück als reine Vokalise ohne Spurenelemente artikulierter Worte ab. Bei seinem Abgang meinte Liewehr allerdings vergnügt: »Wann mir jetzt net Lalala eingefallen wär, wär ich glatt g'hangen!«

»Ich will drin wühlen, wühlen,
fest und tief«

Jacques Offenbach, der erste Operettenmeister, und seine Librettisten Henri Meilhac und Jacques Halévy, hatten einen bis zur Surrealität verblödelten, alkoholfreudigen, durch und durch unsentimentalen und selbst für uns Heutige maßlos unanständigen Begriff von Unterhaltung. Schon Karl Kraus monierte, dass diese wohltuend anarchistische Herangehensweise in der Wiener Operettentradition immer behäbiger, larmoyanter und verklemmter geworden ist.

Das hat sich in den letzten 100 Jahren keineswegs gebessert, im Gegenteil: Nicht zuletzt die Nazis haben der einstmals so frechen und politisch brisanten Operette noch mehr von ihren unverzichtbaren Bestandteilen ausgetrieben. Die Wirtschaftswunderjahre, bis in die unselig geschmacklosen 1970er hinein, trugen das Ihre zur Entfremdung vom frechen Original bei.

So kam es wohl, dass »Operette« heute vielen als Inbegriff von antiquierter Bravheit gilt – sehr zu Unrecht. Und sehr zu Recht formiert sich eine Gegenströmung, die das Schrille und Grelle

Baron Gondermark (Kurt Schreibmayer) will es krachen lassen, wie er Gardefeu (Daniel Prohaska) mitteilt.

wieder hervorhebt. Barrie Kosky, Chefregisseur und Intendant der Komischen Oper Berlin, ist der zurzeit populärste Exponent dieser »trashigen« Strömung. Man muss da allerdings nichts neu erfinden, sondern sich nur an die Ursprünge zurückbegeben. Befasst man sich heute etwa näher mit dem originalen Offenbach, ist man fassungslos, wie weit hier die Obszönität getrieben wird.

Im zweiten Akt vertraut der Baron seinem vermeintlichen Fremdenführer Gardefeu an: »Je veux m'en fourrer, fourrer jusque-là! Portez la lettre a Métella!« Offenbachs erster Wiener Übersetzer, Carl Treumann, hat diese Worte mit »Ich stürz mich in den Strudel, Strudel 'nein, / Metella soll die Losung sein!« eher unglücklich wiedergegeben. Auch Wolfgang Böhmers unverbindliches »Heut will ich lustig, lustig, lustig sein, / Heut' lädt das Leben mich zum Leben ein« trifft den Inhalt nicht (noch dazu bleibt der Brief auf der Strecke, den der Baron zur dringlichen Weiterleitung übergibt). »S'en fourrer jusque-là« heißt nämlich »sich bis oben hin vollstopfen«, »fourrer« ist sogar ein vulgärer Begriff für den Beischlaf. Die gefundene Übertragung in der neuen Wiener Fassung (und zur Verdeutlichung wird der ganze Vers wiedergegeben; aus den komfortablen »drei Wochen« des Originals sind gedrängte drei Tage geworden, die des Barons Eile noch gerechtfertigter erscheinen lassen) lautet:

Drei Tage höchstens werd' ich bleiben,
doch drei Tage sind sehr knapp;
Ich will es ausgelassen treiben,
stürz' ins Vergnügen mich hinab.
Ich will drin wühlen, wühlen, fest und tief.*
Bring der Metella diesen Brief!

Darf man noch anmerken, dass schon der Name der Nobel-Kurtisane eine deutliche Sprache spricht? »Mette-la« bedeutet übersetzt »leg sie flach« ...

Weiter mit den gepflegten Schweinereien: Wenn der Brasilianer im 5. Akt berichtet, dass die Handschuhmacherin Gabrielle für ihn die Tugend aufgegeben hat, singt der Chor fröhlich: »Turlututu«. Klaus Busch, mit einer untrüglichen Spürnase (nicht nur für Unanständiges) ausgestattet, fragte mich, der ich

---

* Der Volksopern-Vizedirektor Dr. Rainer Schubert war beim ersten Anhören dieses Couplets eher ratlos. »Was hat er g'sungen? ›Ich fühle meinen Sex-Appeal‹?«

mit acht Jahren Schulfranzösisch als Romanist unseres kleinen Teams galt, was das wohl heißen könnte.

Natürlich nichts, erklärte ich wissend, und hatte schon »Tralalala« niedergeschrieben.

Er insistierte, bis ich das Dictionnaire aufschlug und fand, dass »turlutte« nichts anderes als »Fellatio« bedeutet ...

»Was nun«, raunzte ich, »dafür finden wir nichts Deutsches!«

Wir zogen uns zu Beratungen mit uns selbst zurück.

Anderntags erschien ein um mehrere Zentimeter gewachsener Herr Busch in meinem Büro und hatte die perfekte (und noch dazu sehr sangbare!) Lösung gefunden: Der Chor muss »Orallala« singen!

»Wenn ich die Schwedin leis verführe ...«

Doch zurück in den zweiten Akt. Dort wurde das nach der Uraufführung gestrichene Triolet* Gardefeus hingesetzt, das den Umschwung des enttäuschten Liebhabers von einer Flamme zur anderen illustriert. Hier haben wir den beiläufigen, unsentimentalen (und dadurch vielleicht »un-wienerischen«) Ton Offenbachs gut getroffen. »Ewige Liebe« ist von gestern; die Frage ist vielmehr, wen man morgen ins Bett kriegt ...

Die eigenartige Reimstruktur des Originals mit zahlreichen textlichen Wiederholungen ist auch im Deutschen eingehalten:

---

* *Wikipedia* lehrt: »Der Begriff *Triolet* bezeichnet: ein Gesellschaftsspiel, siehe *Triolet (Spiel)*, einen Hersteller von Damenunterwäsche, siehe *Triolet (Wäsche)*, eine Stadt in Mauritius, siehe *Triolet (Mauritius)*, einen Berg im Montblanc-Massiv, siehe *Aiguille de Triolet*«. Ich aber glaube, dass es sich bei unserem *Triolet* einfach um eine dreiteilige Liedform handelt.

So ist es nun einmal im Leben:
Metella war mein Paradies,
bis sie mich einfach sitzen ließ.
So ist es nun einmal im Leben.

Ich glaubte sie zu lieben, bis
ich sie vergessen hab, soeben.
So ist es nun einmal im Leben,
das war's dann mit dem Paradies.

Jetzt eine schwedische Touristin,
für die ich Reiseführer spiel',
dabei erwarte ich mir viel
von meiner schwedischen Touristin.

Das wird ein wunderbares Spiel,
bei dem ich selber der Tourist bin,
so wird die schwedische Touristin
zu meinem nächsten Reiseziel.

Wenn ich die Schwedin reise-führe,
Weiß ich, wohin ich geh mit ihr.
Das wird ein herrliches Pläsir,
wenn ich die Schwedin reise-führe.

Ich weiß genau, ich promeniere
dann mit ihr durch meine Türe.
Wenn ich die Schwedin leis verführe,
Wer weiß, wie weit sie geht mit mir?
Ich weiß genau, wie weit sie geht mit mir!

»Der Kavalierspitz schmeckt nach mehr«

Um die Schwedin verführen zu können, muss Gardefeu den Baron mit allen möglichen Unterhaltungen ablenken. So erfindet er eine »Table d'hôte«, ein geselliges gemeinsames Abendessen. Der Schuster Frick mimt dabei einen schottischen Major, der sich um die leiblichen Genüsse kümmert – natürlich musste ein Gourmet-Schotte bei uns den Namen »MacDonalds« tragen. So reimselig stellt er sich vor:

Ich bin der Table d'hôte Major,
ich lege euch die Speisen vor.
Öffne Genüssen Tür und Tor
und hab für jeden Wunsch ein Ohr.

Bald hört man jedoch, dass es sich nicht nur um einen pariserisch-schottischen, sondern auch um einen sehr wienerischen Major handelt:

Ja, ich schneide allerorten
Rinderflaxen, Hendelhaxen
und auch Sachertorten …

Und in der zweiten Strophe, die dem Rotstift zum Opfer gefallen ist, um die Stückdauer zu begrenzen (bitte sagt mir, dass es nicht aus literarischen Gründen war!), darf der Herr gar singen:

Ist euer Hendl voller Chlor,
kommt mir das am'rikanisch vor.
Ich hol den Braten aus dem Rohr,
die Korken knall'n bei mir im Chor.

Ein fettes Meisel bitte sehr,
der Kavalierspitz schmeckt nach mehr,
Beinfleisch ist fett und bisserl schwer,
drum bring ich gleich ein Schnapserl her.

Wenn dann endlich zu Tisch gebetet wird, erscheint in Dijkemas Version ein Pizzabote. Das hat mich zu einem lyrischen Unsinn der besonderen Art inspiriert. Vom ganzen Chor gesungen, ist er leider nicht wirklich verständlich:

Jetzt essen wir unsere heiße Pizza,
und trinken dazu ein paar weiße Spritzer.

Im dritten Akt treten allerlei zwielichtige Straßenbewohner an, um das Gehabe der noblen Pariser Gesellschaft zu demonstrieren. Hierbei war eine Rainhard-Fendrich-Reminiszenz sehr willkommen:

Wir spiel'n den Hautevolee-Überschmäh,
beim Cocktail und beim Fünfuhrtee.

Und weiter:

Die Fadesse der Noblesse geht uns bestens von der Hand.
Ihr Geschwätze und Geätze ist uns allzu gut bekannt!
Wie sie klatschen, wie sie tratschen, haben wir genau studiert.
Wie sie blöden Unsinn reden, wird von uns jetzt vorgeführt!
Die Grimassen feiner Klassen, wenn der Sekt nicht richtig schmeckt.
Das Gegacker reicher Knacker simulieren wir perfekt!

Feine Damen nachzuahmen, wie sie plaudern dies und das.
Provokanten alten Tanten heimzuleuchten macht uns Spaß.
Die Koketten und Kokotten, die sich als was Bessres fühl'n.
Übergroß heut wird die Bosheit, wenn wir ihren Trick enthüll'n:
Immer reinlich, niemals peinlich, aber innerlich verdreckt,
Ihre Tränen und Migränen simulieren wir perfekt.

Der in die Uniform eines Schweizer (!) Admirals gepresste Bobinet erscheint – und bringt einen handfesten Toilettefehler in Gestalt einer geplatzten Hose mit. Das Ensemble *Votre habit a craqué dans le dos* ist einer der närrischen Höhepunkte des ganzen Werkes, eine Feierstunde des kultivierten Blödsinns:

Die Montur hat hinten so ein Loch …
So ein Loch!
Ja, die Montur hat hinten unten so ein Loch!

Es hat die Uniform verschandelt.
Es ist ein ehrenvolles Loch.
Wo hat er es sich eingehandelt?
Er holt es sich im Kampf, jedoch
es ist und bleibt ein Riesenloch.

Mir scheint es eher wie ein Riss.
Ob Loch, ob Riss, eins ist gewiss:
Dass es besonders riesig is'!
Dann ist der Riss ja doch ein Loch!

Wie kommt in die Montur ein Riss?
Ist es ein Riss?
Es ist ein Riss, nein, doch ein Loch!

Ein Ehrenloch ist's immer noch.
Versteh'n Sie doch:
Ihre Montur hat hinten unten so ein Loch!

Mein geschätzter Volksopern-Geschäftsführer Christoph Ladstätter meinte nach der Premiere, er beneide mich, dass ich – in der Dienstzeit! – solchen Unfug zu Papier bringen darf.

»Wir trinken wenig, aber oft und viel«

Bei dem folgenden Sauf-Ensemble stand uns offenbar Mike Krügers unsterbliche Liedzeile »Wir trinken wenig, aber oft und dann viel« Pate:

Füllet nicht zu voll die Gläser,
denn wer langsam trinkt, kommt ja auch ans Ziel.
Mit Genuss machen wir es besser,
trinken langsam, aber viel.
Wir trinken wenig, aber oft und viel!

Den Trinkspruch des schwedischen Barons

Ein schöner Brauch im alten Schweden
ist es, beim Saufen viel zu reden,
und dadurch gründlich zu verblöden!

haben wir nach bestem Wissen wiedergegeben, wie ein Blick ins originale Libretto zeigt: »Si nous voulons nous amuser, en nous grisant, il faut, marquises, il faut dire un tas de bêtises.«

Mit einem ausgelassenen Can-Can schließt der erste Teil. In Dijkemas Inszenierung gerät der angesäuselte, unterhaltungswütige Baron in ein Revue-Lokal und bringt die Darbietung durch unerwünschte Mitwirkung gehörig durcheinander.

In der nun folgenden Pause verließen bei einer Vorstellung zwei ältere Damen aufgeregt schimpfend die Volksoper. »Sie sollten sich schämen!«, rief eine einer jungen Billeteurin zu. Die Angesprochene hatte natürlich keinen Grund, sich zu schämen. Ich aber verstand, was den Unmut der Besucherinnen herausgefordert hatte: Wenn man Operette als Hort der Moral sieht, dann aber das Gegenteil serviert bekommt, kann man jedenfalls enttäuscht sein ...

Der vierte Akt musste selbst für intime Kenner von *Pariser Leben* (wie viele gibt es davon in unseren Breiten?) eine Überraschung sein. In der fast unüberschaubaren Stückgeschichte hatte Regisseur Dijkema, übrigens ein studierter Pianist, einige Nummern aufgespürt, die sich zu seinen Erzählabsichten fügten. Es fand sich ein noch nie aufgeführtes *Trio des Ronflements* (*Schnarch-Terzett*), das sehr gut zu den Herren passte, die zwischen Bettlern ihren Rausch ausschliefen. Wie so oft bei Offenbach verfielen auch unsere Säufer in den Dialekt:

Was ham wir g'soffn ...
Was ham wir g'lacht ...
Was ham wir g'macht?
Mein Hirn ist leer, mein Schädel kracht ...
O Gott, o Gott, ich hab an mordstrumm Åff'n*.

---

* Ein *Åff* ist im Wienerischen nicht nur ein Affe, sondern auch ein Rausch. Diesmal war mein verehrter Direktor Robert Meyer ratlos: »Wenn mich jemand fragt, warum die Pariser plötzlich Wiener Dialekt singen, schick ich ihn zu dir!« Die Erklärung erfolgt oben: Besoffene reden nun mal im Dialekt, und unsere Pariser sind in Wahrheit Wiener, weil ... die Volksoper nicht die Opéra Comique ist!

»*Ich komme gerne ...*«

Üblicherweise verschwindet die Baronin im Laufe der Handlung, um erst im Finale wieder aufzutauchen. Bei uns aber erhielt sie eine eigene Liebesgeschichte, was die Handlung viel tragfähiger und glaubwürdiger machte. Im Anschluss an die Uraufführung des *Schnarch-Ensembles* erklang ihre ariose Walzer-Erzählung (*Fabliau*), in der sie über die soeben stattgehabte Liebesnacht mit Gardefeu sinniert:

Gestern war ich eine Touristin,
nur nach Kunst und Kultur stand mein Sinn.
Als fanatische Opern-Puristin
zu den Musen nur zog es mich hin.

Welch eine süße Liebesromanze
sang man mir in der Oper vor.
Ich war berauscht vom Lichterglanze
und war entzückt vom Herrenchor.

Tief bewegt von süßen Träumen
ging ich heim in mein Hotel.
Doch in meinen leeren Räumen
Schwand der Opernzauber schnell.

Da klopft der Mann an meine Türe,
der unser Reiseführer war.
Ob ich es wünsche, dass er mich führe
auf ein Gläschen in eine Bar.

Und ich dachte an mein Eheleben
mit dem Herrn von Gondermark,

sehr viel Wehe und sehr wenig Beben,
fast wie in einem schwedischen Sarg.

Da dachte ich mir: Gehen wir auf ein Glas,
nur ein Glas, ich will ein wenig Spaß.
Paris bietet etwas, das ich in der Ehe vermisse,
jetzt gönn ich mir was!

Und der Fremdenführer verführte
mich auf Wege, so neu und so süß.
Seit den hübschen Fremden ich spürte,
ist das eine mir mehr als gewiss:

Ich komme gerne, ich komm so gerne,
Ich komme gerne immer wieder,
immer wieder nach Paris.

Im Finale dieser Arie hatte die bezaubernde Caroline Melzer rittlings auf ihrem schlafenden Lover Gardefeu (alias Daniel Prohaska) Platz genommen – und besser kann man diesen Moment eigentlich nicht inszenieren.

Das vom Regisseur gewünschte Liebesduett zwischen Gardefeu und der Baronin fehlte in *Pariser Leben*. Man fand ein lyrisch-bewegtes Stück aus Offenbachs *Fortunio,* das – selbstverständlich mit neuem deutschen Text – den Reigen der Neuzugänge im vierten Akt abschloss.

Die Baronin hebt an, indem sie das Techtelmechtel (in Wien würden wir »Panscherl« sagen) gleich wieder beenden möchte:

Welch eine schöne Nacht, wir hatten unsren Spaß,
doch bin und bleib ich Ehefrau … drum war es das.

Gardefeu ist empört, in seiner Mannesehre gekränkt, und weiß natürlich, was die Baronin braucht: ihn!

> Mehr habe ich dir also nicht bedeutet?
> Irgendein Mann, der dir nur Spaß bereitet?
> In deinen Augen lese ich andres:
> Du willst nicht heim zu deinem Mann,
> du hast was Besseres verdient.
> Ein neues Leben nun beginnt,
> das ich allein dir bieten kann.
> Das Einzige, was du willst, ist Liebe,
> nur meine Liebe.

Jetzt wird es auch für die schwedische Baronin wieder ernst, die als vernünftige Frau weiß, dass man nicht nur von Liebe leben kann:

> Du glaubst, ich werf mein Leben hin,
> für so ein großes Wagnis?
> Beginne neu hier in Paris ...
> als was? Als Schwedisch-Lehrerin?
> Ich gebe alles auf für dich,
> und du nennst das Liebe?

»Wie diese Männer wir verachten«

Die Liebenden finden einander, beschließen, das Wagnis eines neuen Lebens auf sich zu nehmen und dieses gleich mit einem neuen Durchgang im Bett einzuläuten ... da läutet es an der Türe. Tante und Cousine der Baronin (in Gestalt der Komödiantinnen Helga Papouschek als Madame Quimper-Karadec und

... *oder: Was macht ein Dramaturg eigentlich (mit)?*

Helga Papouschek, Caroline Melzer und Sulie Girardi geben's den schlimmen Männern.

Sulie Girardi als Mademoiselle Folle-Verdure) erscheinen und entlarven den bereits abwesenden Gardefeu als Hochstapler. In dem nun folgenden *Rache-Terzett* trösten die älteren Damen die betrogene Jüngere:

> Was diese Männer sich erlauben,
> was sagst du dazu, Folle-Verdure!
> Den Schweinen kann doch keiner glauben,
> doch wer dran glauben muss, sind wir!
> Während sie uns die Unschuld rauben,
> steht schon die Nächste vor der Tür.
>
> Typisch Mann, typisch Mann!
> Lügt, so lang er kann.

Wie felsenfest überzeugt die Papouschek* die Worte »Während sie uns die Unschuld rauben« geschmettert hat – daran kam nur Sulies schroffes »… unsere Unschuld wär längst weg« heran:

> Wie diese Männer wir verachten, ich und die Quimper-Karadec!
> Wenn wir einander nicht bewachten,
> unsere Unschuld wär längst weg.
> Lässt du nur einen übernachten,
> behandelt er dich gleich wie Dreck.
>
> Typisch Mann, typisch Mann!
> Macht sich an uns ran.

Während der Proben wurde der Wunsch nach einer dritten Strophe laut: Warum sollte sich die Baronin auf das Mitsingen des Refrains beschränken? Sie musste doch auch gehörig auf die Männer schimpfen!

Was ich schnell niederschrieb, wurde zwar kein neuer Höhepunkt, aber immerhin eine brave Fortsetzung des *Rache-Terzetts*:

> Wenn diesen Männern wir vertrauen,
> dann versprechen sie uns die Welt.
> Wenn wir auf ihre Liebe bauen,
> werden wir reich – an falschem Geld.
> Aber, so schnell kann keine schauen,
> wird sie aufs Nebengleis gestellt!

---

* Helga Papouschek ist übrigens ein Eckpfeiler – die zierliche Dame möge dieses Bild verzeihen – der Wiener Offenbach-Pflege: Sie hat in allen drei »Pariser Leben«-Produktionen der Volksoper (1963, 1980 und 2015) mitgewirkt!

Typisch Mann, typisch Mann!
Da ist nicht viel dran.

Zum Finale wird (in Böhmer/Busch/Wagner-Trenkwitz'scher Mischfassung) folgender Rundgesang angestimmt (der direkt in das Champagner-Couplet der *Fledermaus* überleiten könnte):

In Paris ist man spritzig,
in Paris ist man witzig.
Diese Stadt muss man spüren,
wie Champagner moussieren.
Deshalb fließt dann und wann ja
jede Menge Champagner,
darum soll's uns gefallen,
wenn die Korken tüchtig knallen.
Und Piff ... und Paff ... und Puff!

Ist man auch an die siebzig,
man betrügt und verliebt sich,
alle Sorgen versinken,
hast genug du zu trinken.
Jetzt woll'n wir einen heben
und pariserisch leben.
Wasser braucht man zum Taufen,
wir woll'n anderes saufen.

Ja das ist das Pariser Leben,
es ist alles wahr!
Man kann's nur in Paris erleben,
ja das ist das Pariser Leben.
Wahres Glück ist da!

Natürlich schmerzt es, wenn man Kritiken wie die folgende liest: »Wenn ganze Arien aus Refrains wie ›Wos hamma gsoffn?‹ oder ›Die Montur hat hinten so ein Loch‹ bestehen, oder Lebensweisheiten wie ›Ein schöner Brauch im alten Schweden ist es, beim Saufen viel zu reden und dabei gründlich zu verblöden‹ zum Besten gegeben werden, ist eigentlich alles gesagt. Da ist das abschließende ›Piffpaff‹ im letzten Chorstück schon eine intellektuelle Abwechslung.«

Aber ich fühlte mich weniger als Ko-Texter betroffen – wir haben getreulich-kreativ die Worte Meilhacs und Halévys übertragen –, vielmehr geht es mir nahe, wenn Offenbachs genialer Blödsinn gering geschätzt wird. Für wie klug muss man sich halten, um daran keinen Spaß zu haben? Ich hoffe stark, den geneigten Leserinnen und Lesern mit den oben gegebenen Textproben – auch ohne den Glanz der Musik – ein wenig Freude bereitet zu haben.

Die Hofburg brennt!
... und andere Texte aus der Vergangenheit

Für die Erstellung dieses letzten *Schwans* habe ich auch in meinem Archiv gekramt. Geschrieben hatte ich ja schon immer gerne, aber die komische Absicht hat sich erst nach meiner Matura Bahn gebrochen. Meinen Schulkollegen (das ist politisch korrekt; die Schulkolleginnen sind ausdrücklich ausgenommen) habe ich viele Scherze zu danken, die ich während des Unterrichts notierte und auf denen ich später aufbauen konnte.

So erfand ich, zur Verbindung von Hausarbeit und Freizeitgestaltung, »die Joggingschürze«, erzählte Schnurren von *Sindbad und seiner Frau Zölibad* und erfreute mich an tatsächlich abgedruckten Zeitungsmeldungen wie der folgenden, die beweist, dass auch schon in den frühen 1980er-Jahren auf Flugsicherheit wert gelegt wurde:

... damit Sie nicht glauben, ich bilde mir so was ein!

Ich fand beim Blättern auch das folgende romantische Liebesgedicht:

Du bist so angenehm still,
tust nix, was ich nicht will.
Deine Augen sind so blau,
du bist eine schöne Frau.
Sag ich Ja, sagst du nicht Nein,
ich möchte immer bei dir sein.

Du gehst nicht auf Kaffeehauskränzchen,
schaust nicht auf andrer Männer Schwänzchen,
wenn ich fluche, schimpfst du nicht
und verziehst nicht dein Gesicht.
Und komm ich abends später heim,
dann wartest du im Bett allein.

Du liegst in einem dunklen Raum,
ans Aufstehn denkst du nicht im Traum.
Du schlägst im Schlummer nicht um dich,
du sagst nichts Keckes über mich.
Und werde ich auch langsam kahl,
du … du bewegst dich nicht einmal.

Und werde ich auch langsam alt,
du liegst nur da, ganz stumm und kalt.
Das Einzige, was ich nicht mag,
ist, dass du stinkst bei Nacht und Tag.
Du hast so wunderschöne Zähne.
De mortibus nil nisi bene.

Dass ich zum Cabaret gekommen bin, ist ausschließlich die Schuld meines Bundesheer-Kameraden Rupert Trampisch. Wir durchscherzten die reichlich freie Zeit in der Maria-Theresien-

Das hat's tatsächlich mal gegeben: Tramp und Trenkwitz!

Kaserne so ausgiebig, dass er uns Anfang 1984 bei einem Sprungbrettabend im Wiener Kabarett Niedermair in der Lenaugasse anmeldete. Im Jahr zuvor von Nadja Niedermair gegründet, machte sich dieses Etablissement, dem der Kabarettist I. Stangl künstlerisch vorstand, um die Förderung des Blödelnachwuchses verdient.

Der erwähnte Sprungbrettabend brachte tatsächlich eine Menge späterer Brettl-Stars hervor – und ich meine damit nicht Tramp & Trenkwitz, die, am Klavier begleitet von Elke Krainhöfner (heute heißt sie Elke Hesse und leitet das MuTh, den Konzertsaal der Wiener Sängerknaben im Augarten), auch recht brav dabei waren. Vielmehr tauchten nacheinander die noch vollkommen unbekannten Herrschaften Roland Düringer, Andrea Händler und Alfred Dorfer auf.

Im Finale sollte sich ein junger Mann vorstellen, dem ich bei der Vorbesprechung des Abends rein gar nichts zutraute: ein bebrillter, schüchterner Niederösterreicher, der über seine Ziehharmonika gesunken dasaß und kaum vernehmbar sprach. Erst in der Show lief er zur Hochform auf – sein Name: Josef Hader. Ich erinnere mich noch an den Beginn seines Kurzprogramms. Es ging nämlich nicht los, das Publikum wurde schon unruhig, bis eine Stimme – eben jene Haders – aus der letzten Reihe zu schimpfen anfing: »Finsternis und Stille – sehr originell! Wo bleibt in Ihrem Programm die Liebe? Ich zum Beispiel liebe Rindsschnitzel ...«

Ein neues altes Wienerlied

Josef Hader war (und blieb) der Bessere. Aber auch Tramp & Trenkwitz erfreuten sich eines Folge-Engagements im Niedermair.

Wie weit ist das alles: der erste Wiener Bankomat, die neue Tausend-Schilling-Note, die neue U-Bahn-Linie 1, der neue McDonald's (die Fast-Food-Kette wurde damals mit dem Slogan »Das etwas andere Lokal« vermarktet), die Ö3-Kummernummer ... Der folgende von mir verfasste Wienerlied-Text wird nur mehr der Generation 50 plus ein Schmunzeln entlocken, aber Historikerinnen und Dialektforschern kommender Generationen vielleicht als Quelle dienen.

In manch altem Wienerlied kannst hörn,
wie sich die Wienerleut beschwern,
dass s' scho wieder blank und stier und neger san.

Und vom letzten Schein da kaufen s' sich
ein Glaserl Wein und saufen sich
an g'standnen klassen patzen Fetzen an.

Doch kein Geld haben ist heutzutag sehr schwer,
denn es gibt jetzt einen Apparat,
den jede Bank daneben hat,
und dort kriegt man die Schilling immer her:

Du alter Bankomat am Stephansplatz
hast manches schon gesehn.
So viel Freud und Leid,
b'sonders seit der Zeit
wo die neichen schiachen Tausender
aus deinem Goscherl geh'n.

In manch altem Wienerlied kannst hörn,
dass alle Wienerleute gern
bei an echten alten Heurigen verkehrn.
Winkt der grüne Buschenkranz,
treffen Mitzi sich und Franz
und die Musi spielt zum Busserl harbe Tanz.

Doch das Busserl draußt in Grinzing war einmal.
Heut hat man sein erstes Rendezvous
bei Cola und Pommes Frites dazu
in einem »etwas anderen Lokal«:

Ja, du McDonald's draußt am Schwedenplatz
hast manches schon erlebt.
Er sagt ihr nicht mehr »Zuckergoscherl«,

sondern »Resches Apfeltascherl«,
und er busselt s' ab, obwohl der Mund
vom Ketchup bisserl klebt.

Manches alte Wienerlied erzählt
dass d' Wiener früher für ihr Geld
gern a Fahrt mit an Fiaker haben g'macht
Weil die Wiener ihre Freud dran haben,
wenn die harben Rappen traben
und der Kutscher mit der Peitschen knallt und lacht.

Doch den Pferden stinkt's in unserm Wien schon z'viel,
darum tun s' nur mehr Touristen ziehen
und die g'scheiten Wiener fliehen
in den Untergrund vor dem Verkehrsgewühl:

Du alter Silberpfeil vom Reumannplatz,
du fahrst jahrein, jahraus,
und spuckst muntre Favoritner
und Donaustädter in der Mittna
von der schönen alten ruhigen City aus.

Hab'n d' alten Wiener Sorgen g'habt,
weil es im G'schäft nicht richtig klappt
oder Streitigkeiten gibt im eignen Haus,
dann hab'n s' sich g'setzt zu ihre Freunderl
in a Beisel zu an Weinderl,
und sie schütteten das volle Herzerl aus.

Doch die Gschichterl von die Freunderl werdn an fad.
Int'ressant ist nur der Adabei,

und ist man selbst nicht sorgenfrei,
setzt man sich an den Fernsprechapparat:

Du Kummertelefon im ORF
hast manches schon gehört.
Ob übertriebne Weihnachtskäufe,
ob verschobne Abfahrtsläufe,
so a Telefonseelsorge is was wert.
Haaallo!

Die Bundesregierung anno 1984

Historisches Kabarett hat seine Reize, die wir in der *Hölle* (siehe Seite 121) voll auskosten. Allerdings bemühen wir uns dort um Nummern, die gut 100 Jahre auf dem Buckel haben. Wenn ich aber meine nur rund drei Jahrzehnte alten Brettl-Texte durchforste, erfüllt es mich mit neckischem Stolz, die gesamte Bundesregierung des Jahres 1984 rekonstruieren zu können – etwa aus Zeilen wie den folgenden.

Es handelt sich um die Neutextierung des Schlagers *Well Did You Ever* aus Cole Porters Filmmusical *High Society*. Das »What a swell party this is« dürfte vielen noch geläufig sein. Bei mir wurde daraus »Was für schwere Zeiten des san«, gleichsam der Wappenspruch des damaligen Bundeskanzlers Fred Sinowatz. Und aus »Have you heard? It's in the stars« wurde ...

Hast scho' ghört, der Sinowatz
sichert täglich an Arbeitsplatz.
Der Brave!
Was für schwere Zeiten des san!

Täglich geht der Poldi Gratz
mit an Fetzen über den Rathausplatz.
Drum ist der so sauber ...
Was für schwere Zeiten des san.

Ein Land voll Glück,
die Alpenrepublik.
Der Sinowatz
ist viel zu dick.

Gekürzter Lohn,
gestrichene Pension.
Im Parlament
hau'n sich die Herren in die Zähnt ...

Wem ist noch die Familienministerin Elfriede Karl vertraut? Wir reimten:

Fräulein Karl hat Familiensinn,
deswegn wird sie Ministerin.

Oder der damalige Niederösterreichische Landeshauptmann Ludwig, der in einem Rechtsstreit auf seine Immunität als Politiker pochte:

Siegfried Ludwig stiehlt ein Huhn,
das darf er, denn er ist immun.

Oder Verteidigungsminister Friedhelm Frischenschlager (der mit neuen Orten für Rekruten-Vereidigungen auf sich aufmerksam machte), oder Vizekanzler Norbert Steger, der sich abends

Mein Kabarettpartner Rupert Trampisch und ich halten 1984 Ausschau nach besseren Zeiten.

gern vergnügte ... ja ja, damals gab es eine rot-blaue Koalition, was auch nicht mehr alle wissen, und der damals noch lebende Altbundeskanzler Bruno Kreisky hatte sich missmutig auf sein Altenteil im Mittelmeer zurückgezogen. Und Rudolf Kirchschläger war der Bundespräsident, der wenig zuvor »mutige Worte« in Sachen Korruptionsbekämpfung gefunden hatte: man müsse »die Sümpfe und sauren Wiesen trocken legen«.

Frischenschlagers neuer Plan:
A Vereidigung in der Straßenbahn.

Steger geht auf Beisl-Tour,
Kreisky schaut aus Mallorca zua.

Unser Bundespräsident
freut sich, dass ihn ein jeder kennt.
Alle lieben Rudolf!
»… was für saure Wiesen das sind.«

Die Schluss-Stretta der Nummer brachte noch eine geballte Ladung Politikernamen von Gestern:

Bei der G'sellschaft rennt der Schmäh:
Steger, Sinowatz, Partik-Pablé,
Blecha, Ofner, Sallinger,
Sekanina, Mock und Dallinger
wollen nur unser Bestes – auf Ehr'!
Aber wir geb'n es nicht her.

»Echt österreichisch« …

… so nannten wir unser Programm. Im Eröffnungslied kamen zunächst die Burgtheater-Abonnenten dran:

Seit Jahren geh'n wir konsequent in der Pause
murrend und schimpfend und raunzend nach Hause,
denn auf der Bühne von unserem Tempel
spielt man nur mehr kommunistischen Krempel.

Theaterdirektor wird jetzt dieser Peymann,
schon wieder ein Ausländer – hamma daheim kan,
dass die uns an Terroristenfreund bescher'n?
Aber schlimmer kann's aa nimmer wer'n.

… dann unsere Entwicklungshilfe-»Anstrengungen«:

Die OECD hat a Liste erstellt,
welche Staaten tun etwas für die Dritte Welt?
Mit unsere haaßen drei zehntel Prozent
rangieren wir munter am unteren End'.

Wir reden human, da kann man nichts verlieren,
aber Hilfe gibt's nur, wenn wir selbst profitieren.
Wir nehmen die Rohstoffe ohne Genier',
der Herr hat's gegeben, und nehmen tun's wir.

Auch das Waldsterben – und Österreichs spezifische Strategie dagegen – war ein Thema:

Die staatlichen Forste besehn ihre Wunden,
sie haben den schuldigen Schädling gefunden.
Nicht Blei im Benzin und auch nicht Emissionen,
sondern die Viecherln, die im Wald drin wohnen.

Reduzierung des Wildbestands wäre das Beste,
denn Rehe und Hirsche beknabbern die Äste.
Bevor sie sich daran den Magen verderb'n,
lass mer sie lieber an Schrotkugerln sterb'n.

»*Der Grandseigneur*«

Ich verfasste ein Lied über einen altösterreichischen Frauenschwarm, den *Grandseigneur*. Es steht in der besten Tradition frauenfeindlicher Brettl-Kreationen, vom *Weibermarsch* in der *Lustigen Witwe* bis hin zu Georg Kreislers *Die Frau*. Natürlich sind die erwähnten Stücke – die ja nur die Überforderung des Mannes auf die Schaufel nehmen, also bitte nicht zu ernst genommen werden mögen – besser als meines, aber entreißen wir es jetzt dennoch der Vergessenheit:

Ich bin ein Grand-
seigneur vom alten Schlag,
sehr elegant,
so, wie die Frau das mag,
sehr seriös, sehr generös
und auch noch sportlich auf meine alten Tag.

Die Frau'n ham's gern,
wenn man sie so verehrt,
die meisten Herrn
machen es ganz verkehrt.
Ich bin ein Gent,
würdig dezent,
und die Damen sind mein Steckenpferd.

Doch ich merke langsam, wie mühsam das ist,
und wie so ein Hobby den Menschen auffrisst:

Die Frau'n gehen mir so auf die Nerven!
Ich mag nicht mehr ihre Hände wärmen,
sie beschenken, sie umschwärmen,
ich will nur meine Ruh von ihrem Getu!
Die Frau'n gehen mir so auf die Nerven!

Man muss für sie durchs Feuer gehen
und ihre Angstträume verstehn,
man muss ihnen was Liebes sagen
und sie auf den Händen tragen,

ihnen dies und das versprechen
und dann noch die Zeche blechen
von dem viel zu teuren Restaurant …
Ich armer Månn!

Die Frau'n kosten mich meine Nerven!
Sie malen ihre Augen an
und wollen einen Ehemann,
sie lassen einen ständig warten,
schicken schiache Ansichtskarten,
sie kosten Zeit und Geld,
sie fragen, was man wählt,
sie reden viel zu schnell,
sie riechen nach Chanel,
sie haben Hündchen gern,
sie sehen ungern fern,
sie machen einem nur das Leben schwer!
Ich kann nicht mehr …

Mit einem Wort: Sie machen mich nervös,
doch da ist noch was, und das macht *sie* bös.

Man wird nicht jünger, wenn man älter wird,
das Haar wird dünner, wenn man älter wird,
das G'wand enger, die Frau'n wer'n strenger
mit einem Minnesänger, wenn er älter wird.

Die Frau'n kosten mich meine Säfte … Kräfte!
Einmal pro Woche geht's ja noch,
doch das ist schon ein schlimmes Joch,
wenn man jedes Mal bangt,

dass sie zu viel verlangt.
Sie himmelt Gary Cooper an
und wollte einen Supermann,
ich wollte sie ganz stürmisch küssen,
da hab i' mer's Kreuz verrissen.
Dann schleift sie mich ins Fitness-Center,
glaubt, davon werd ich potenter.
Und fragt sie mich, wie ich's am liebsten hätt,
sag ich: Mit an Kamillentee ins Bett.

»Kulturexport«

Das Stichwort *Kulturexport* nahmen Rupert und ich allzu wörtlich, und wir schrieben dieses Lied (dass sich die Reichen der Welt einmal wirklich in Wien einkaufen sollten, ahnten wir damals nicht):

Das Ausland liebt die Wienerstadt so sehr,
doch zum Reisen fehlt es halt an Geld und Zeit.
Für uns heißt das »Einnahmenminderung im Fremdenverkehr«,
und das könn' mer uns nicht leisten, tut mir leid.

Doch wir haben eine Lösung längst gefunden,
die auch noch gut ist für das Budgetdefizit:
Wir exportieren unsre Stadt an zahlungskräft'ge Auslandskunden,
und unsern Charme liefern wir selbstverständlich mit.

Ein reicher Syrer, ein g'stopfter Tachinierer,
der kauft die Albertina, denn er schwärmt so für Dürer.

Ein alter Bayer, dem war die Burg zu teuer,
jetzt kauft er sich die Oper und spart dabei noch Steuer.

Zwei US-Ölmagnaten sind auf unsern Steffl ganz erpicht,
denn in den Vereinigten Staaten habn sie so was Schönes nicht.

Ein Teil der Ringstraße geht an den Fernen Osten,
die Int'ressenten werden morgen eingeflogn.
Das ist nicht billig, doch die lassen sich's was kosten.
Stelln Sie sich vor: Theophil Hansen in Hongkong!

Ein Inder hätte so gern die Gloriette,
na, der zahlt sich zum Wuckerl, da wag ich jede Wette.

Die stolzen Spanier, die kaufen die Urania,
Maria am Gestade fahrt heut noch nach Tansania.

Ein Stückl Grinzing geht nach Kamerun, ein Stückl geht nach Rom,
derweil ein Russe sagt, er gäb was drum, hätt *er* den Stephansdom.

Das Belvedere kauft a Familie aus Angola,
ja auch in Afrika will man ein Stück von Wien.
Das kann zwar dauern, weil dort sind zur Zeit die Måler,
doch wenn die fertig sind, dann schick mer's ihnen hin.

Ein Italiener, ein Kicker aus Cesena,
der kauft das Wiener Stadion, dazu noch einen Trainer.
Ein andrer klaner Erfolg für unsre Planer:
Nach Kuba geht die Reitschul mitsamt die Lipizzaner.

Die Hofburg brennt!

Die Hofburg passt ganz ausgezeichnet an den Amazonas hin, schickts no' des Rathaus weg, dann wiss' mer überhaupt net wo mer sin'.

Ein Indianerstamm so rot wie Paradeiser,
der warf ein Auge auf die Kapuzinergruft.
Die Indianer lieben scheinbar tote Kaiser.
Als Draufgab' wollen sie ein Achterl Wiener Luft.

Sehn S', das is weanerisch, hollodero!
Der Rest der Stadt geht nach New York und Tokio.

»*Unterwasserrugby*«

Um eine tatsächlich existierende Sportart geht es im nächsten Text, dem letzten, den ich aus der Tiefe des Jahres 1984 schürfe.

Apropos Tiefe: Die erste Unterwasserrugby-Weltmeisterschaft wurde 1980 in Mülheim ausgetragen, und auch in Österreich wurde das Gerangel im Chlor plötzlich populär. Anfang August 2015 las ich im *Falter*, dass sich der rare Sport weiterhin hält, was mich ermutigt, den historischen Text abzudrucken.

Zweimal sechs stahlharte Mander
kämpfen tauchend gegneinander,
in dem Sport, der sich dezent
»Unterwasserrugby« nennt.

Im fünf Meter tiefen Becken
stehn zwei Kübeln in den Ecken.
Das sind die Tore bei dem Spiel,
in die man eintreffen will.

Wird das Spiel allzu brutal,
gibt's da noch ein Hupsignal,
das der Schiedsrichter auslöst,
wenn einer geng's Gesetz verstößt.

A harter Kämpfer müssen S' sein,
aber fair und nicht gemein.
Machen Sie's wie Kurti Cap,
und gebn S' den Schlagring vorher ab.

Dieses ist so eine Sportart,
die den ganzen Mann erfordart.
Wollen Sie den Frauen g'falln,
gehen S' ins Wasser mit an Ball'n.

Die Mannschaften, die heute spün,
sind Aqua Linz gegn Hydro Wien.
Völlig offen ist, wer g'winnt …
Die Hupe hupt, das Spiel beginnt.

Bloody Joe ist zwar ein G'steamel,
doch er hat sehr starke Ärmel,
Franz, der Henker aus Hernals,
hebt allanig an Rolls-Royce.

Egon Wokurka mit Bruder,
Pospischil, der Barracuda.
Gruber Schurl, der Star des Teams
und der Dostal Karl aus Linz.

Also rutschen unsre Recken
elegant ins Wasserbecken.
Schon gibt es den ersten Zwist:
Wokurka Egon bleibt vermisst.

Pospischil im Ballbesitz!
Gruber Schurl folgt wie der Blitz,
im anschließenden Gewurl
hat den Aufdrahten der Schurl.

Franz der Henker taucht an Conter,
doch der Kurti taucht ihn onter.
Henker Franz hat gute Nerven,
aber keine Luftreserven.

Pospischil verliert die Flossen,
Wokurka zwo kommt angeschossen,
taucht zu Boden wie ein Hai
und verkürzt auf drei zu zwei.

Die Partie wogt hin und her
und das Wasser wogt noch mehr.
Charly Dostal liegt am Grund!
Zu viel Chlor ist ungesund.

Charly Dostal steigt ans Ufer
und tut einen lauten Schnufer,
dass ihm aus der Nasen tropft,
denn sein Schnorchel war verstopft.

Franz, der Henker aus Hernals,
packt den Bloody Joe am Hals,
doch der lasst mit sich net spieln
und nimmt den Henker bei der Brill'n.

Kurti Cap im Würgegriff!
Die Keilerei wird intensiv.
Plötzlich Schluss mit dem Gebraus,
die Hupe hupt, das Spiel ist aus.

Wir hoffen, dieser Kurzreport
popularisiert den Sport.
Zumindest hab'n Sie eins entnommen:
U-Wa-Rugby ist im Kommen!

»Weekend« oder »We can't«?

»Bei meinen Conférencen komme ich vom Hundertsten ins Tausendste – leider nicht bei meinen Gagen«, so notierte ich damals. Im Anschluss an meine kurze Kabarett-Laufbahn wandte ich mich darum (wieder) dem Studium sowie dem ebenfalls wenig einträglichen Amateurtheater-Spielen zu.

Ende der 1980er-Jahre wurde meine Kabarettleidenschaft wieder erweckt. Peter Blau »entdeckte« mich für die Ö3-Samstagssendung *Radio Weekend*. Martin Benning vertrat den Standpunkt, es müsse eher »we can't« heißen, doch das ist ungerecht. Kirsten Fleming moderierte elegant, Burgtheater-Schauspieler Franz Morak sprach ernsthafte eigene Texte, und ich kam auch dran. Heinz Zuckerstätter war der verantwortliche Redakteur, der mir, dem Anfänger, auf die Finger beziehungsweise auf die vorzulegenden Sätze schaute: »Ist ›zum Beispiel apropos‹ nicht eine Tautologie?«, fragte er kritisch, als ich ihm den Text *Neues von der Tourismusfront* unterbreitete:

Gestern wollte ich schon meinen Sportwagen aus der Garage holen und ordentlich auf den Frühjahrsputz hauen – fängt es doch prompt zu schneien an. Hab ich mir gedacht: Auch gut, bleibe ich zu Hause und stelle ein paar tiefsinnige Betrachtungen an. Der Fasching ist ohnehin vorbei, also läuft man nicht mehr Gefahr, ernst genommen zu werden, wenn man etwas Blödes sagt.
Zum Beispiel apropos: Wie wird es dem Frühling ergehen, wenn er sich tatsächlich in unser Land traut? Wird er sich nicht sehr einsam vorkommen, ganz ohne Touristen? Wenn wir nämlich nichts unternehmen in Sachen Imagepflege, locken wir bald keinen Hund mehr hinter dem deutschen Eck hervor. Schauen wir also dazu, dass aus unserem getrübten Ansehen nicht ein internationales Wegschauen und Wegbleiben wird. Schicken wir unsere Schönsten und Besten an die Urlaubsfront: Ricarda Reinisch, ein *Zeit-im-Bild* von einer Frau, Arnold Schwarzenegger, das Österreich-Paket, Ulla Weigerstorfer, die Barbie-Puppe der Nation und Thomas Bubendorfer, das hochalpine Aushängeschild. Um des lieben Friedens mit dem befreundeten Staate Israel willen sollten allerdings unsere »Nordischen Kombinierer« ihre Bronze-Medaille zurückgeben.
In einem neu zu errichtenden Wien-um-Neunzehnhundertwasser-Haus wird eine großangelegte Frühjahrsausstellung des Titels *Anbiedermeier in Wien* für Anstrom von (erwünschten!) Ausländern sorgen. Und sind die Fremden einmal da, wird zur großen Schlussaktion gerüstet: Wien wird Waldstadt! Meisterbürger Zilk hat sich persönlich bereit-

erklärt, die großen Ausfallstraßen mit kleinen Bäumchen zuzupflanzen. Damit wäre erstens den Grünen der Spaten aus der Hand genommen und zweitens den Wien-Touristen jeder Fluchtweg aus der Stadt ihrer Träume versperrt.

Neujahrswünsche 1988

Zuckerstätter war eine Seele von einem Chefredakteur, sehr liebevoll und hilfreich. Trotzdem bildete ich mir damals ein, dass er meine *Weekend*-Texte wiederholt komplett durchgestrichen und mir mit den Worten: »Find an neuen Schluss« zurückgegeben hat.

Aber so schlimm war es nicht, wie die *Neujahrswünsche 1988* beweisen. Wer weiß noch, dass die EU damals wirklich EG geheißen hat, dass der Glasnost-Erfinder Michail Gorbatschow Glatze getragen hat und … nun gut: Daran, dass Prinz Charles schon damals nicht König von England geworden ist, werden Sie sich noch erinnern.

Hat der 12-Uhr-Knall am 31. Dezember neue Menschen aus uns gemacht? Wer versuchte, sich die Frustrationen von 1987 von der Seele zu böllern, musste damit rechnen, dass die Exekutive zurückschießt. Vielleicht hat gerade dieser Umstand einigen von uns zur Einsicht verholfen. Dem heißen Herbst folgte ein milder Winter, aber alles spricht dafür, dass uns im Frühjahr das G'sicht einfrieren wird.

Auf unseren Schreibtischen stapeln sich die Zeitungen der letzten Wochen, weil wir sie nicht verfeuern konnten. Stand auch etwas Erfreuliches drin? Doch: dass wir Österreicher im Jahr 1988 vielleicht zu Europäern befördert werden. Der EG-Beitritt steht vor der Tür – und wenn wir die Ladenschluss-Zeiten nicht ändern, wird er wohl draußen stehen bleiben müssen.

Wir haben den Blick kühn in die Vergangenheit gerichtet – auf Zukunft ist uns die Lust vergangen. Unser Weitblick reicht gerade noch bis zur nächsten Trendwende. Die Klugen vergewisserten sich noch vor Ablauf des alten Jahres bei einem Schäferstündchen mit einem Trendsetter, welchen Mond sie anzuheulen haben, damit sie 1988 kein soziales Hundeleben führen.

Ein paar Prognosen und Empfehlungen: Auch im neuen Jahr werden wir für Geist keine Zeit haben und uns darum mit Zeitgeist versorgen lassen; Zeitgeist – das ist ein viel betrachtetes Chamäleon, das sich wöchentlich häutet, um nicht als gestrig zu gelten. Hören Sie 1988 Flamenco-Rock, aber tragen Sie um Gottes willen keinen Schottenrock, außer Sie sind Prinz Charles, dann schauen Sie, dass Sie weiterkommen, und zwar auf den Thron. Entscheiden Sie sich rechtzeitig zwischen Glasnost-Glatze und Schicki-Mickey-Rourke-Mähne. Lassen Sie sich nicht beim Joggen erwischen, denn sonst ist das Jahr für Sie gelaufen. Seien Sie erotisch, kreativ und brisant – aber nicht zu sehr, sonst könnte man Sie für einen Yuppie halten. Und Yuppies sind 1988 endgültig out. Endlich – wir haben sowieso nie genau gewusst, was das ist. Schaffen Sie sich einen Kleinwagen an, auch wenn er anfangs noch ein bisserl unter den Achseln zwickt. Aber lassen Sie sich's nicht einfallen, im Rausch dem Rausch der Geschwindigkeit zu frönen. Sonst kommen Sie heuer schnell auf Entzug – nämlich auf Führerschein-Entzug.

Stoßen Sie Dollars ab und investieren Sie in Gummibärchen. Die Zukunft hat schon begonnen. Genießen wir sie, solange der Vorrat reicht.

Udo und Klaus Maria

Hier eine Breitseite gegen den damaligen Demel-Chef und Lucona-Versenker:

Dieser Mann hat viele Feinde – dafür kann er nichts. Er hat aber auch viele Freunde – dafür können die Freunde nichts. Aber Freund wie Feind gestehen ein: Udo Proksch, Österreichs oberster Zuckerstreuer, ist ein Titan. Und jedem Titan seine Titanic. Das Schinakel, das in letzter Zeit gehörige Medienwellen schlägt, heißt Lucona. Kurioserweise weiß man gar nicht, ob es wirklich auf dem Grund des Indischen Ozeans liegt, wie der modellschifferl-versenkende U-Richter behauptet. Die sechs verstorbenen Matrosen können sich nämlich auch geirrt haben, und die Lucona befährt als anonyme Good-Will-Botschafterin österreichischen Erfindungsreichtums nach wie vor die Meere. Dann hätten wir wieder eine Marine – unser Ansehen würde steigen, wenn die Lucona nicht gesunken wäre!
Und der glückliche Admiral Udo Proksch, der im Moment gerade die Japaner auf den Geschmack wienerischer Mehlspeisen bringt, wäre aus dem Wasser. Er könnte sich wieder hinter dem Fuji hervortrauen und wäre reif für eine Beförderung, die Hofburg ist vom Demel ja nur zwei Häuserblocks entfernt. Wie dem auch wird, fest steht heute schon, dass Proksch dem Professor Jürgens den Rang als prominentester Udo Österreichs abgelaufen hat.

Das Kürzel »KMB« hat in den letzten Jahrzehnten nichts von seiner Strahlkraft, wenn auch einiges von seinen internationalen Verträgen verloren.

Die Hofburg brennt!

Raus aus Afrika, rein in den James Bond – dieser Mann ist ein Star für Jedermann. Mit redl-icher Dämonie und mefistofelischer Alltäglichkeit spielt er sich regelmäßig selbst an die Wand, und zwar an die Kinoleinwand. KMB ist nicht das Kürzel für einen Billig-Großmarkt oder einen osteuropäischen Geheimdienst, sondern für einen der wenigen Österreicher, die in der Öffentlichkeit das Wort ergreifen können, ohne dass es ihnen oder ihren Zuhörern die Red' verschlägt. Als Sean Connery zum vorläufig letzten Mal sein Bond-Toupet anlegte, war es KMB, dem der Schotte die Ausseer Wadeln firerichtete. Als Meryl Streep und Robert Redford in der Serengeti nicht durften, war KMB das erste Rad am Wagen. Zurzeit prüft der Schauspieler ein millionenschweres Angebot aus Hollywood: In einem *Raumschiff Enterprise*-Aufguss soll er nicht etwa den Austronauten mimen, sondern gleich den Allmächtigen.*

Keine Frage, dem KMB gehört die Zukunft. Aber auch an der Aufarbeitung der deutsch-österreichischen Vergangenheit hat der Einsteiger aus Aussee schon gearbeitet, als die meisten Österreicher noch gar nicht wussten, dass sie eine haben. Zunächst wurde Mephisto Gründgens wie KMB; dann wurde Oberst Redl wie KMB; in Kürze wird sich der legendäre Wahrsager Hanussen auf der Leinwand genau wie KMB benehmen. Und alle Welt fragt sich gespannt: Welche historische Persönlichkeit wird die nächste sein, die sich als Klaus Maria Brandauer entpuppt?

---

* Ergänzung anno 2015: Wir haben ja schon immer vermutet, dass der Herrgott ein Wiener ist. Wenn er uns nur am Jüngsten Tag nicht fragt: »Wie viel Gebäck haben Sie gehabt?«

Gedenkgymnastik anno 1988

Im März 1988 fanden ausgedehnte Gedenkveranstaltungen für den 50 Jahre zuvor erfolgten »Anschluss« statt. Ich feierte bei dieser Gelegenheit mein Debüt als Leser von Texten Grünbaums in dem Innenstadt-Lokal *Ma Pitom*. Der große Axel Corti kam bei einer dieser spätabendlichen Lesungen ins Lokal und hatte offenbar keine gesteigerte Lust, mir zuzuhören. Er steckte die hinter seinem Sessel befindliche Verstärkerbox einfach aus. Da wandte ich mich an ihn mit den Worten, die aber auch nichts änderten: »Jetzt weiß ich, warum man Sie den *Schalldämpfer* nennt!«

Und diese Worte wurden auf Ö3 gesprochen:

Die Gedenkgymnastik des vergangenen Wochenendes hat dem historisch untrainierten Organismus des Österreichers

Ein historischer Leseabend im Ma Pitom, anno 1988

sicherlich gutgetan. Ein schlechtes Gedächtnis ist bekanntlich ein sanftes Ruhekissen, und in dieser Ruhe wurden wir wohltuend gestört.

Man weiß nun: Österreicher waren sowohl Täter als auch Opfer. Sind wir das etwa immer noch beides? Selbstverstümmler wider besseres Wissen, ohne besseres Gewissen? Schizophrene Virtuosen, die nach einer Täterrolle vorwärts und nach einer Opferrolle rückwärts wieder genau dort angekommen sind, wo sie vor dem Menschengedenken waren? Aber: Fahne runter und Kopf hoch. Man muss nach dem Blick in die braune Vergangenheit nicht so schwarz in die Zukunft sehen.

Auch 1988 gab es sie schon: die Steuerreform. Ich beklagte mich wie folgt:

Die Berge kreißten und gebaren – einen Berg. Und zwar einen Berg neuer Steuerverordnungen. Es soll ja angeblich alles einfacher werden, aber da sich soo viel ändert, wird vielleicht doch einiges komplizierter. Viele liebgewonnene Abschreibungen können wir abschreiben, das Sparen können wir uns bald sparen und um den attraktiveren Eckzins wird man sich auch kein Eckhaus leisten können.
Aber sprechen wir gar nicht davon, was dem Lieblingsbuch des Österreichers, dem Sparbuch, angetan wird. Ich möchte hier und heute ganz unbescheiden vom verschmähten Berufsstand des Kabarettisten reden. Den trifft die Steuerreform besonders hart. Denn was tut der Kabarettist? Er wäscht schmutzige Wäsche, macht sich das Denken so schwer wie möglich, trotzend allen Gefahren schlägt er sich Feiertag und -nacht um die Ohren. Und was bringt

die Reform? Die Schmutz-, Erschwernis- und Gefahrenzulagen, die Feiertags- und Nachtarbeitszuschläge bleiben nur mehr bis 4940 Schilling im Monat steuerfrei. Das bedeutet: Mein letztes Privileg, das Blödeln, fällt. Oder zumindest geht es in die Knie. Ist das lustig? Mein Vater findet es bestimmt nicht vergnüglich, bis zu meiner Pensionierung weiter arbeiten zu müssen.

Aber jetzt geht mir ein Licht auf – eine Energieabgabe wird es ja nicht geben –, und zwar, warum der Finanzminister die Steuerreform schon am 1. Juli in Kraft treten lassen möchte. Im Juli ist es angenehm warm, es zieht einen ins Freie – und mit den neuen Steuern ist es günstiger, spazieren zu gehen als zu arbeiten.

Auf dem Highway ist die Hölle los – reloaded

Auch Besprechungen aktueller Hollywoodfilme konnte man im *Radio Weekend* hören:

Brauchen wir neue Autobahnen? Umweltschützer sagen Nein, Geisterfahrer sagen Ja. Bringen uns die Autobahnen schneller an unsere Urlaubsziele, oder werden wir bald nur mehr Autobahnen und keine Urlaubsziele mehr haben?
Um den Lenkerinnen und Lenkern die asphaltierte Zukunft schmackhafter zu machen, kommt dieser Tage ein Hollywoodfilm in die heimischen Kinos: *Auf dem Highway ist die Hölle los*. Es handelt sich dabei um das Remake eines österreichischen Streifens aus den 1940er-Jahren, *Maria, Andergast-Arbeiterroute ist der Teufel los!*, in dem unter anderen

Oscar Simca, Viktor de Rover, Hans Moserati und der blutjunge VW Fischer zu sehen waren.

Im internationalen Staraufgebot der Neuproduktion finden sich so prominente Namen wie Meryl Jeep, Klaus Maria Pinzgauer, Toyota Mifune, Audi Hepburn, Glenn Ford, Lada Turner und Louis de P. S., der Soundtrack zum Film ist in einer Aufnahme mit den Niederösterreichischen Folgetonkünstlern unter der Leitung von Herbert von Caravan erhältlich, das Titellied singt Mario Lancia.

Wir werden die Streitfrage »Autobahnen – ja oder nein?« auch im Kino nicht lösen (nicht einmal im Autokino), aber beherzigen Sie jedenfalls das mahnende Gedicht, das ich einstens im Restroom einer Raststation gelesen habe:

Lassen S' auch zur Fastenzeit
immer sich zum Rasten Zeit.

Doch ehe Sie zum Viertel greifen,
denken S' an die Gürtelreifen.

Denn landen Sie am Pannenstreifen,
werden Sie sich sonst wo kneifen.

Gerne gestehe ich, dass die PKW-freundlichen Verballhornungen der Prominentennamen in enger Zusammenarbeit mit Magister (genannt »Der Major«) Christian Lackner entstanden sind. Mein musikwissenschaftlicher Studienkollege war nach dem Studium Dramaturg am Wiener Konzerthaus, und als er sich zum Geschäftsführer eines Salzburger Luxushotels mauserte, verlor ich seine Spur. Gerne möchte ich hier aber die Spuren seines Blödeltalents abdrucken. Es handelt sich zunächst um die Besetzung einer Oper für Pferdenarren:

La Trabiata von Francesco Cavalli.
In den Hauptrollen: Diana Ross und Eli Wallach.
Weiters wirken mit: Peter Rapp (in der Rolle des Horse d'Œuvre), Lizzy Hengstler (als Fräulein Lippizanski), Charles der Gaul, Pferdinand Lacina, Fritz & Elmar Klepper, und als Gast: Hans »Hü« Hotter.
Musikalische Leitung: Sir Simon Sattel, Choreinstudierung: »Crazy« Horse Stein, Chor: Die Trab-Familie, Regie: Heinz Mährenfreund, Ausstattung: Herb Ritts, Adaptation des Librettos: Johannes Mario Schimmel, Zwischenaktmusik: Christobal Halffter

Christian fragte sich in demselben Atemzug auch, warum *Cavalleria rusticana* nicht von Leon Cavallo stammt ...

Ebenso verdient machte er sich um die Zusammenstellung der Einladungsliste für einen *Club 2* zum Thema Schlankheitswahn. Hier die wahnsinnigen Ergebnisse:

Gastgeberin: Franziska Fast (das war einstmals eine Staatssekretärin für irgendetwas*)
Experten für vegetarische Küche: Michel Broccoli, Inge Kohlrabi, Pierre Brie, Klaus Maria Liptauer, Helmut Kohl, Mr. Bean, Mickey Gourke.
Die Fleischfresser-Fraktion: Uwe Ochsenknecht, Anton Kuh, Chicken Corea, Sandra Bullox, Richard Strauss, Jochen Rind, Sascha Henn.

---

* Na gut, ich habe recherchiert und lasse das nicht einfach so stehen: Frau Fast war 1979 bis 1983 Staatssekretärin im Bundesministerium für soziale Verwaltung, aber davor und danach auch Volksanwältin und Nationalratsabgeordnete.

Fachleute für allgemeine Tischkultur: Karl-Heinz Essl, Wolfgang Schüssel, Reinhold Messer, Clark Gabel, Sigrid Löffler, Edward Teller.

Getränke-Gurus: Uschi Glas, Manfred Krug, Arik Brauer, Alec Guinness, Cola di Rienzi, Stefan Zweigelt und Franz Welser-Most.

Die Dessert-Abteilung: Walter »Schoko« Schachner, Madame Butter-Pie und Hermes Fruchtzwerg.

»La fanciulla del West« und andere Kulturereignisse

Es war für Ö3 damals schon ziemlich mutig (aber nicht, so wie heute, ausgeschlossen), dass mir Heinz Zuckerstätter erlaubte, allsamstäglich ein *Kulturereignis der Woche* zu beblödeln. Ich begann im April 1988 mit der Wiener Staatsoper.

Das packendste Musikdrama seit dem großen Eisenbahnraub von 1910 und das letzte profunde Wiener Kulturereignis vor der Catch-Gala im Ferry-Dusika-Radstadion steht derzeit in der Staatsoper auf dem Programm. Niemand, der auf schießende Opernstars, weinende Goldgräber, singende Indianer und Pokerpartien mit Orchesterbegleitung Wert legt, sollte sich Puccinis *Mädchen aus dem goldenen Westen* entgehen lassen.

Das besagte (und schon etwas betagte) Mädchen, das zwischen Pistolenknallen und Singen auch noch Zeit für Bibellesungen aufbringt, nennt sich Minnie. Ihr angebeteter Gangster heißt zwar nicht Mickey, aber immerhin Dick, und wird deshalb von Plácido Domingo verkörpert. Dieser ließ sich gestern Abend weder durch Schussverletzungen noch durch wüste

Beschimpfungen durch den fiesen Sheriff davon abbringen, zum 2000. Male auf einer Opernbühne zu erscheinen.
Also reingehen, ansehen, Popcorn nicht vergessen ... und lassen Sie sich nicht durch die Musik irritieren: Die ist größtenteils von Andrew Lloyd Webber gestohlen.

Eine selbst erlebte Anekdote gab ich, fürs Radio mit Ausschnitten aus dem *Dienstmann*-Sketch Hans Mosers akustisch unterfüttert (»I' versteh eam net« versus »Mensch, ick versteh Sie nich«), ebenfalls wieder:

Mitten in der Vorstellung ertönt ein Ruf: »Man versteht nichts!« Der angerufene Schauspieler – es war Ignaz Kirchner – spielt weiter wie zuvor. Nachher frage ich ihn, warum er auf den Zwischenruf nicht reagiert hat, er sei doch sonst immer ein Freund der improvisierten Kommunikation mit dem Publikum. Kirchners Antwort: »Ich habe nichts verstanden.«
Das Publikum und seine Schauspieler verstehen einander nicht, und wir denken an die Ehekrach-Szene aus einer amerikanischen Filmkomödie: »Ich verstehe nicht, dass du mich nicht verstehst!« Also: Wer erklärt das Theater?
Österreichs *Heldenplatz*-Angst hat kürzlich ihre Erfüllung gefunden, die Bernhard-Uraufführung ist unter Mitwirkung eines Misthaufens (vor dem Burgtheater) glimpflich über die Bühne (im Theater) gegangen. Es wird halt nichts so heiß gegessen, wie es vorab in der *Kronen Zeitung* zitiert wird.
Aber noch ist nicht aller Schließtage Abend: Peter Zadek, Schocktherapeut unter den deutschen Regisseuren, probt gerade Shakespeares *Kaufmann von Venedig*. Zadeks Credo: »Je geschmackloser, desto besser.« Erklärt der uns das Theater?

Vielleicht hat die Österreichische Erstaufführung von Botho Strauß' *Besucher* Mitte November mehr Glück, ein Stück, in dem Schauspieler Schauspieler spielen, die ein Stück einstudieren. So kompliziert das auch klingt, Botho Strauß hat das Theater wenigstens verstanden. Er schrieb einmal: »So ist wohl das Theater: ein gewundenes Instrument, in das man seine ganze Seele hineinblasen muss, um am Ende wenigstens einen kleinen geziemenden Ton herauszubringen. Mehr nicht, aber schon dafür braucht man seine ganze Puste.«

Auch prähistorischen Fundstücken wurde im *Wochenend-Radio* Raum zugestanden:

Der Archäologenkongress tanzt! Wie diese Woche bekannt wurde, hat eine jugendliche Steinzeitexpertin durch beherzten Griff in den Schlamm die älteste Tänzerin der Welt zutage gezaubert – die Primaballerina assoluta, sozusagen. Schauplatz des urgeschichtlichen Tanzfestivals war der Galgenberg in der Wachau.
Nicht weit davon, in Willendorf, ist ja die Heimat des beliebten Pummelchens, das bislang für die älteste Frau der Welt angeschaut wurde. Mit ihren 25 000 Lenzen auf dem Fettbuckel ist die Venus von Willendorf aber eine junge Hupferin im Vergleich zur tanzenden Venus vom Galgenberg, die ist nämlich 5000 Jahre älter. Die archäologische Forschung zieht aus diesem Fund eine Reihe von höchst wichtigen Folgerungen:
1. Wie die Zeit vergeht.
2. Die 30 000-jährige Galgenbergerin ist dünn, die 25 000-jährige Willendorferin ist dick; also muss sich die

Wachauer Küche in diesen fünf Millennien entscheidend verbessert haben. Der Niederösterreichische Gastronomenverband legt Wert auf die Feststellung, dass dieser Trend bis heute anhält.
3. Tanzen ist gesund, auch in der Eiszeit. Die bejahrte Disco-Queen lehrt, dass wir uns gerade im Winter in jedem Tanzpalast warme Füße holen können.
PS des *Weekend*-Chronisten: Venus hin, Tanzpose her – meiner Meinung nach sieht das Steinpüppchen eigentlich nur aus wie ein paläolithischer Zwetschkenkrampus.

Hommage an Erwin Ringel

Wer erinnert sich noch – ich muss schon wieder eine Frage so beginnen – an den verstorbenen Psychoanalytiker der Nation, Verfasser unter anderem des Klassikers *Die österreichische Seele*? An seine Lust an literarischen Zitaten, seine charakteristisch schrille Stimme? Den folgenden Monolog müssen Sie sich von Ringel selbst intoniert vorstellen.

Der österreichische Kabarettist ist ein durch und durch neurotisches Wesen. Sein Nervenkostüm gleicht einem zerschlissenen Frack. Der Kabarettist trägt seine österreichische Seele auf der Zunge und lässt sie sich dort zergehen, er ist also schwer exhibitionistisch.
Er fühlt sich die ganze Zeit beobachtet, auch wenn kein Publikum da ist; er ist also schwer paranoid, nicht zu verwechseln mit polaroid. Der Kabarettist ist tiefer menschlicher Beziehungen unfähig; wenn ihm ein hübsches Mädchen gefällt, denkt er nur, wie er eine Nummer daraus machen könnte. Rilke hat gesagt: »So ist mein Tagwerk, über dem

mein Schatten liegt, wie eine Schale.« Das hat zwar nichts damit zu tun, aber der Rilke hat's gesagt.

Er ist schizophren, nicht der Rilke, sondern der Kabarettist, er ist also eine gespaltene Persönlichkeit. Immer, wenn er jemand Blöden sieht, denkt er sich in ihn hinein, immer, wenn jemand was Blödes sagt, vor allem Politiker und Psychoanalytiker, hört der Kabarettist schon den Applaus, der ihn umtoben wird, wenn er es wiederholt.

Und schließlich ist der Kabarettist paradox; es ist mir nämlich überhaupt nicht klar, wozu die österreichische Seele Kabarettisten braucht – sie hat doch mich!

Noch einmal pirschte ich mich parodistisch an Erwin Ringel heran und nahm im zweiten Arbeitsschritt den damaligen Wiener Bürgermeister Helmut Zilk gleich mit. Damals aktuelles Thema war das Projekt eines Österreich-Denkmals.

Ringel: Das österreichische Denkmal ist ein total neurotisches Wesen! Das Grundmaterial muss U-Bahn-Schutt aus den Tiefenschichten der verdrängten Wiener Stadtgeschichte sein, verziert mit lehmigen Tapsern aus den Bundesländern, steirische Muren und Tiroler Hochgebirgsgeröll, das Ganze schwimmend im nicht aufgearbeiteten Brackwasser eines Kärntner Badesees. Die Form des Denkmals ist natürlich ein Problem – es muss sich, halb unterirdisch, in sich selbst verstecken, eine Art begehbare Grube mit einem festen Geländer darum ...

Zilk: Der österreichische Mensch besteht, das ist ja bekannt, nicht wahr, Herr Kollege, aus vermischten oder verwischten Spurenelementen von Brom, Jodl, Todl, Chlor, Tor!, Moik, Nickel, Pickel, Mangan, Organ...mandat, Fad,

Blad, Kupfer und Zilk ... äh, Zink. Eine Legierung all dieser Stoffe müsste man gut sichtbar auf einem der schönen, verkehrsberuhigten Wiener Parkplätze aufstellen, denn, sind wir uns ehrlich, die Welt schaut auf Wien, auch wenn Wien nicht zurückschaut!

Kulturfrei, aber dafür TV-affin war der folgende Text:

Die Liga für ein sauberes Werbefernsehen ...

... begehrt folgende Verlautbarung: Laut einer Umfrage verfolgen rund 80 Prozent der österreichischen Haushalte das abendliche Fernsehprogramm nach 18.30 Uhr. Dabei nimmt das Werbefernsehen mit seinen fesselnden, anregenden und bunten Bildern eine zentrale Stellung ein. Leider werden besagte Haushalte gezwungen, als optische Zuspeise zum idyllischen Abendessen exzessive Schmutzdarstellungen über sich ergehen zu lassen.
Man stelle sich vor: Eine Familie – nennen wir sie Familie X – isst zu Abend und schaut natürlich in ihr Fernsehgerät hinein. Alle sind gut gelaunt und hungrig. Mitten in die fast feierliche Schmaus-Stimmung platzt das Wort »Kragenspeck«, und mit Harmonie und guter Laune ist es natürlich vorbei. Fleckiges Geschirr, schwarze Badewannenränder, Blut-, Ei- und Kakao-Verunreinigungen auf intimen Wäschestücken wie Hemden und Socken, Säuglinge im Moment der Ausscheidung, Ansichten von Toiletteanlagen – auch saubereren – sind an der Tagesordnung. Auch das Zeigen von fressenden Hunden, Katzen und Hamstern wirkt alles andere als anregend für den Familien-Appetit, ebenso wie das Ausstrahlen von ungewaschenen Haaren oder Men-

schen, die im Begriff sind, sich einen Hexenschuss zuzuziehen. All das hat schon manchen netten häuslichen Abend in ein Inferno von Zank und Streit verwandelt.

Wir finden: Das ist der Höhepunkt, tiefer dürfen wir nicht sinken. Die Familie als Keimzelle der Konsumgesellschaft muss vor solchen optischen Ausschweifungen im Werbefernsehen geschützt werden. In diesem Sinne bitten wir die Werbefilmer inständigst, die brutale Darstellung von Schmutz und anderem Schund zu unterlassen, wenn sie nicht riskieren wollen, eine konsumkritische oder gar asketische Jugend heranzuziehen.

Der folgende Text wurde, glaube ich, nie gesendet. Und das lag natürlich daran, dass mehrfach ein gewisses Wort vorkommt, das in den 1980er-Jahren im Radio noch weniger gerne gehört wurde als heutzutage:

Als die Organe einst stritten, welches das wichtigste im Körper sei – das Herz? das Hirn? die Lunge? – beanspruchte das natürlich auch das Arschloch für sich.
Die stolze Leber meinte: »Du bist überhaupt kein Organ. Du bist einfach nur ein Loch.«
Da war das kleine Arschloch so beleidigt, dass es eine Woche lang streikte. Sie können sich vorstellen … Also, mit einem Wort, nach der Woche waren alle anderen Körperteile bereit zuzugeben, dass das Arschloch der Chef ist. Und seitdem sind die Chefs auf unserem Planeten die Arschlöcher.
Oder blicken wir ins Wiener Nachtleben: Um »in« zu sein, muss man in In-Lokale gehen. Das sind Lokale, wo einen nichts hinzieht, außer die Leute, die drin sind, weil sie »in« sind. Die »In«-Architektur ist geometrisch, sparsam, wenn

auch teuer, und zielt darauf ab, nur schöne Menschen zur Geltung kommen zu lassen. Im Alt-Wiener Kaffeehaus war das ganz anders; das war so lauschig, da konnten auch schiache Juden sitzen und von innen strahlen. Heute strahlt man äußerlich, wenn man »in« sein will.

Die »In«-Crowd der Würschteln (also die Würschteln in Crowd) erinnert frappant an ein Studebaker-Modell der 1940er-Jahre. Das waren schnittige, schnelle Autos mit nur einem Problem: Bug und Heck sahen genau gleich aus. Auf die Entfernung wusste man nicht: Kommt dir der Studebaker entgegen oder entfernt er sich von dir. So auch bei den »In«-Leuten: Wenn man sie anschaut, weiß man nicht, ob sie einem entgegenkommen oder sich entfernen, ob sie meinen »Sprich mit mir« oder »Leck mich am Arsch«.

»In«-Gesichter sind also gewissermaßen Arsch-Gesichter und haben auch dementsprechend viel zu sagen. Was nicht viel ausmacht, weil es in den »In«-Lokalen ohnehin so laut ist, dass man seinen eigenen Furz nicht versteht. Oberstes Gebot für die Arsch-Mimik ist Coolness. Und Coolness kommt vom italienischen »culo« … was wieder so viel wie Arsch bedeutet.

Vermischtes

In meinen Unterlagen finden sich auch Nebenprodukte wie die (realen) TV-Meldungen »In den Hochwassergebieten wird wieder Hoffnung geschöpft« oder »51 Prozent der Österreicher geben als Freizeitbeschäftigung ›Nachdenken, Meditieren‹ an.« Und dazu der erfundene Dialog:
»Papa, des Schnitzel is fertig!«
»Halt die Goschen, Mama. Ich meditier.«

Das *Volksblatt* meldete 1984 über Abspaltung in Menachem Begins Kabinett: »Israels Regierung beschnitten.« Überdies erfand ich gegen die Am-Dam-Destruktion unseres Wortschatzes das »Vokabelfernsehen«.

Weitere Notate in konfuser Reihenfolge: Auf einer Paris-Reise besuchte ich Freunde in der ehemaligen Wohnung Oskar Werners, Rue St. Dominique Nr. 81. Im Regal fand ich ein Buch mit einer handschriftlichen Widmung der Wiener Schauspielgröße: »Meiner geliebten Filigran-Blunzen, Dein O. W.«

Und das schrieb der bitterböse Karl Kraus: »Wenn die Salzburger von heute Salzburg erbaut hätten, wäre bestenfalls Linz daraus geworden.«

Apropos Salzburg: Bei der Eröffnungsrede des jüngst verstorbenen ORF-Generalintendanten Gerd Bacher zur Salzburger Festspieleröffnung 1984 habe ich ebenfalls mitgeschrieben und dabei unter anderem folgende Perlen festgehalten:

Eliten kommen durch Leistung zustande, Prominenz durch Beifall.

Übertragen Sie uns Ihre Sorgen, wir übertragen alles.

Oft schon wollten Friseure wie Nicht-Friseure aussehen. Aber dass alle wie Friseure aussehen wollen – das gibt es erst seit John Travolta.

Sind vielleicht die Medien an allem schuld? Ich will niemandem die Ausrede verschaffen, statt seinem eigenen Gesicht dem Spiegelbild zu zürnen.

Sogar Reime (nein, nicht von Gerd Bacher, sondern von mir) aus unglücklicher Liebe – nie für eine Ausstrahlung bestimmt – bergen meine Bücher. Die folgenden rühren mich heute noch:

Lass mich so tun,
als täte ich's für dich.
Lass mich so ruhn,
als wachtest du für mich.

Lass mich so schreiben,
als würdest du es lesen.
Lass mich so bleiben,
wie wir gewesen.

Aber unglückliche Liebe trägt auch zur Herzensbildung bei, wie ein knapp danach notierter kurzer Dialog beweist, der vielleicht nicht von mir stammt, mir aber immer noch sehr gefällt:

– Bist du glücklich gewesen? Ist es das wert gewesen?
– Nein, ich bin nicht glücklich gewesen. Ja, das ist es wert gewesen.

Hoffentlich schließen Sie sich nach der Lektüre dieser Fragmente nicht der Meinung Ioan Holenders an. Auch im *Staatsopern-Magazin* gab es nämlich eine Seite für *Vermischtes*. Der Herr Direktor befand, nach der Qualität des dort Geschriebenen sollte die Seite »Verpischtes« heißen.

Kabarett-Ausklang im Graumanntheater

1992 widerfuhr mir dann noch die Ehre, in Michael Mohapps Graumanntheater Musical zu spielen und auch an den nächtlichen, halb improvisierten Kabarettdarbietungen teilzunehmen. *Night Mehr* nannten sich diese Shows, bei denen Michael Niavarani, Nicolaus Hagg, Leo Bauer und andere ihre wenig zuvor skizzierten mehr oder minder komischen Ergüsse präsentierten.

Bewusst weniger komisch war dieser, offenbar an Rainer Maria Rilke angelehnte Text, benannt *Herbst in Österreich*. Er legt die Frage nahe, warum sich in den letzten zwei Jahrzehnten eigentlich nichts geändert hat:

Mander, 's isch Zeit,
die Heimat ist nicht groß.
Legt eure Schatten auf die Kirchturmuhren
und auf den Fluren,
lasst die Hunde los.

Befehlt den letzten Fremden, fortzuziehn,
gebt ihnen als Schonfrist ein paar Tage,
treibt sie dann über die Grenzen, und die Plage
ist ein für alle Mal dahin.

Wer hier kein Haus hat, baut sich keines mehr.
Wer jetzt kein Visum hat, muss ohne bleiben,
wird weinen, hungern, lange Briefe schreiben,
und durch den Kugelhagel schutzlos wandern,
wohin ihn die Soldaten treiben.

Ich finde ja, Nia und ich haben uns seit 1992 überhaupt nicht verändert.

Der jubiläumsbewusste ORF meldete am 26. November 2012: »Zum 20. Mal hat sich in der Nacht auf heute der Brand in der Wiener Hofburg gejährt. Die Redoutensäle wurden dabei zerstört, die Lipizzaner sowie Bücher der Nationalbibliothek in Sicherheit gebracht. Die Brandursache wurde nie restlos geklärt.«

Im *Night Mehr* am 29. November 1992 meldeten wir unter dem Titel *Brand aus!*:

Die ersten Prominenten an der Feuerstelle: Innenminister Franz Lösch-nak, Umweltministerin Maria Rauch-Kallat

Das Graumanntheater in den fernen 1980er-Jahren: Nia mit – damals noch – künstlicher Glatze, Michael Weger und ein schlanker CWT bei den Proben zu Jack Richardsons Galgenhumor

und Erfolgsautorin Gerti Senger, die alle der Feuerwache auf ihre Weise behilflich waren.

Der Innenminister trug etwas von seiner Beamtenschwemme zum Löschen bei. Die Umweltministerin schenkte den Freiwilligen reines Wasser ein. Und die Aufklärerin der Nation eilte von der Präsentation ihrer neuesten Sex-Epistel zur Hofburg, um sicherzustellen, dass alle Schläuche auf den G-Punkt des Brandes gerichtet waren.

Parteiobmann Jörg Haider verließ den Ort des Brandes sehr bald wieder, als er feststellte, dass es sich nicht um ein Asylantenheim handelte, das da in Flammen stand. Er versuchte anschließend, die Brunst der Stunde für einen flammenden Appell auf dem Balkon des Heldenplatzes zu nutzen. Aber das Volksbegehren konzentrierte sich ja auf den Josefsplatz, weshalb Haider unerkannt verkommen musste. Burgtheater-Direktor Claus Peymann hielt eine improvisierte Vorprobe zu Peter Turrinis *Alpenglühen* ab, der Demel servierte der Menge Brandteigkrapferln und ein nahegelegener Würstelstand ließ sich ebenfalls nicht lumpen: Er teilte Gratis-Teufelsgriller aus.

Von der Brandursache lässt sich nach ersten Ermittlungen nur so viel sagen, dass es die Behörden als Schlamperei ansehen, dass der Brand nicht dort ausgebrochen ist, wo sich in der Hofburg die Feuermelder befinden. Die beruhigende Nachricht: Die zentralen österreichischen Kulturgüter konnten aus der Hofburg gerettet werden: Die Sängerknaben wurden in Löschdecken in den Burggarten gebracht und die Lipizzaner – unter die sich unerkannt auch einige Amtsschimmel gemischt haben – sind mit ein paar Schrammeln davongekommen.

Und, natürlich, die kostbaren Bücher aus der Nationalbibliothek! Um die hat sich die Wiener Polizei gekümmert, was mich damals zu einem Gedichtchen inspiriert hat:

Eine Polizistenkette
reichte Bücher um die Wette
weiter und in Sicherheit.
Lesen? Dazu war ka Zeit.

Nur ein Beamter still im Eck saß,
wo er in Madonnas *Sex* las,
das er später mit nach Haus nahm –
aber das war eine Ausnahm.

Ein weiteres Bild aus fernen Graumann-Tagen: Rupert Trampisch macht sich für den Auftritt fertig, ein jugendlich behaarter Nia tut so, als ginge ihn das nichts an.

Rundherum loderten Brände,
während Polizistenhände
Grzimeks Tierleb'n – dreizehn Bände! –
bargen vor dem sichern Ende.

Herr Inspektor Popovo
schilderte die Rettung so:
»Joki Kirschner, Mutzenbacher,
Felix Dvoraks größte Lacher,

Moiks Memoiren, Haiders Kampf
retteten wir vor dem Dampf.
Ebenso sind unversehrt die
Bücher von der Senger Gerti.

Anstatt den Verkehr zu stoppen,
durften wir den Kant und Schopenhauer vorm Inferno schützen.
Gott sei Dank trugen wir Mützen,

weil die Köpf' drunter aus Holz sind.
Etwas, worauf wir sehr stolz sind:
Nie sah man Analphabeten
so erfolgreich Bücher retten.«

Zum Abschluss in den Sterbeverein

Zum letzten Male trat ich bei *Night Mehr* am 31. Jänner 1993 mit einem Text auf, der den großen André Heller recht übel auf die Schaufel nahm. Damit ich den Streifzug durch mein Kabarettarchiv aber nicht schamesrot schließe, bleiben diese Gemeinheiten lieber ungedruckt.

Stattdessen ein auch nicht sehr appetitlicher Text, zu dem mich eine Zeitungsmeldung (»Der Mensch ist Sondermüll«) inspirierte. Am Telefon sitzt ein Beamter des Sterbevereins. Er isst gerade eine Wurstsemmel, als es läutet.

Hallo, Sterbeverein »Hin ist hin«, wer ist dran?
Haallo …? Ich versteh Sie so schlecht. Ja fassen Sie sich. Derwart ich's oder wollen Sie später noch einmal … Na sehr gut, das Stimmerl ist ja schon viel klarer.
Sie melden den Fall des Falles? Um wen handelt sich's? Ah, um die werte Gattin. Ich beneid' Sie … bemitleid sie, wollt ich sagen. Jaja, ewiges Leben kann es nicht geben, sag ich immer, mach mer das Beste draus, gell? Und deshalb rufen Sie ja auch an, gell?
Kundennummer? 4783. Hab ihn schon: Korschnitschek Theodor und Emma. Die arme Emma, ja. Wie alt war sie denn? No eh, da hat man ja mit allem rechnen müssen. Und das ist jetzt ja auch eingetreten, genau.
Wann hat denn die Emma die Bretz'n geriss… ich meine, wann hat sie ihren Geist aufgegeben? Vorgestern? Na, dann is eh schon Zeit. Jaja, Meldepflicht innerhalb von 48 Stunden. Haben Sie unseren Info-Folder net studiert? Ah, Sie haben nicht so schnell damit gerechnet. Du kennst nicht den Tag noch die Stunde, heißt's.
Also, kommen wir zur Sache. Wir übernehmen Ihre Sorgen mit der Entsorgung.
(Der andere versteht offenbar nicht.)
Ich mein, wir kümmern uns um die Leich, also, die enthüllte Seele … die entseelte Hülle. Ja.
Ich brauchert nur die Infrastruktur der hinigen … hingegangenen Gattin. Na, hat's Plomben g'habt, oder Goldzähne?

Ist wichtig wegen den Mülltrennungs-Bestimmungen. Sieben Goldzähne? Is ja eine gute Partie, die Emma. Da kriegen Sie natürlich den aktuellen Marktwert zurückerstattet. Das Blei in der Lunge? Das kriegen Sie direkt wieder. Genau, für Silvester. Hat sie geraucht, die gute Emma? Zwei Packerln? Super! Der Teer wird verwendet. Ja, das kriegen Sie vom Straßenbaufonds refundiert. Mit dem Lüngerl tapezieren die 20 Zentimeter Südosttangente neu. Ah, getrunken hat sie kaum, gut. Da könn mer das Leberl gleich weiterverwenden.

Wie war sie sonst in Schuss, die Oide ... ich mein, die Verewigte? PH-Wert? Wissen Sie nicht? Hat sie nicht den Speicheltest von der *Ganzen Woche* gemacht? Ah, sie war eine *Österreich**-Leserin, notier ich mir gleich. Ja, da ist das Hirn nicht mehr für wissenschaftliche Zwecke verwendbar.

Schöne Haar hat sie gehabt? Da könnt mer mit der Friseur-Innung was machen. Toupetersatz. Ja natürlich, wir versuchen, Ihre Kosten für die Entsorgung der Dahingegangenen zu minimieren. Was? Die Haare auch nicht? Ah, das tät Sie irritieren, wenn Ihnen jemand auf der Straße mit den Haaren von der Emma auf dem Kopf ... noch dazu ein Mann ... verstehe.

Und Isolationsmaterial aus den teuren Knocherln? Wollen Sie sich g'halten? Ah, der Herr Sohn ist Häuselbauer, gut. Soll auch was haben von der verschiedenen Mama. Wenigstens schön warm im Winter.

Was noch? Ich seh, wir müssen Ihnen unsere Sonderbroschüre schicken: *Vieles ist zu schade fürs Grab, manches zu*

---

* Richtig bemerkt: Diese Zeitung gab es damals noch nicht. Aber ein klein wenig wird man ja die alten Texte modernisieren dürfen ...

gefährlich. Ja, zum Beispiel das Quecksilber, das die Goldene zu sich genommen hat. Aber da gibt's einen fixen Entsorgungsbeitrag.

Wie wollen wir sie denn endlagern, die arme Emma? Feuerbestattung? Verstehe, im eigenen Interesse. Ja, natürlich haben Sie's wärmer im Krematorium. Aber eine wichtige Frage: Hat die Verblichene bei ihrer Oberweite ein bisserl nachgeholfen?

(Der andere versteht wieder nicht.)

War die Selige silikonisiert? Ja? Verbrennung ausgeschlossen. Naa, des Silikon verpickt den Verbrennungsofen. Ist verboten.

Was mer sonst machen können? Wie wär's mit einem Deo-Seiferl? Da hätten Sie die Teure um sich, wenigstens im Bad. Wollen Sie nicht ... ah, sie war wasserscheu, verstehe.

Dann bleibt nur die Gruft. Da hamma sehr schöne exotische Angebote. Ägyptische Bestattung. Ja. Mit ihrer Katz.

Ah, sie haben ein Hunderl? Lieb. Eine g'scheite Rass', ja, guter Charakter. Leider keine bsonders hohe Lebenserwartung. Aber da schick ich Ihnen unsere Broschüre *Flocki, du hast nicht umsonst gelebt.*

Ah, dem Hunderl geht's gut? Verzeihung. Ich wollte Sie nicht verstimmen. Nein, ich verstehe, nach all den Aufregungen mit der Emma, dass Sie sich schlecht fühlen, Herr Korschnitschek ...

Sie fühlen sich schlecht, Herr Korschnitschek? Haben Sie Plomben ...?

Die meisten Komponisten leben erst, wenn sie tot sind

Musikerziehung in Missouri

Ich weiß selbst nicht genau, wie ich zu dem Dokument gekommen bin, das ich hier gerade abtippe. Es handelt sich um einen Papierausdruck vom 25. Mai 2000, als Mail am 22. Dezember 1998 geschickt von einer gewissen Maly an einen Herrn Holzmann. Was man so alles findet, wenn man nichts wegschmeißt ...

Im *Missouri School Music Newsletter* des Jahres 1989 (herausgegeben von Harold Dunn) finden sich die folgenden überaus reizvollen Schülerantworten zum Thema *Musikerziehung*, und das natürlich auf Englisch. Sollten Sie der Sprache Shakespeares nicht mächtig sein, grämen Sie sich nicht und blättern Sie einfach weiter.

Grundbegriffe

Refrain means: don't do it. A refrain in music is the part you better not try to sing.

An opera is a song of a bigly size.

Music sung by two people at the same time is called a duel.

I know what a sextet is but I had rather not say.

Komponisten: von Agnus Dei bis Aaron Copland

Agnus Dei was a woman composer famous for her church music.

My favourite composer is Opus.

John Sebastian Bach died from 1750 to the present.

Handel was half German, half Italian, and half English. He was rather large.

Beethoven wrote music even though he was deaf. He was so deaf he wrote loud music. He took long walks in the forest even when everyone was calling him. I guess he could not hear so good.
Beethoven expired in 1827 and later died from this.

Henry Purcell is a well-known composer few people have ever heard of.

In the last scene of Leoncavallo's *Pagliacci*, Canio stabs Nedda who is the one he really loves. Pretty soon Silvio also gets stabbed, and they all live happily ever after.

Aaron Copland is one of our most famous contemporary composers. It is unusual to be contemporary. Most composers do not live until they are dead.

Konzertmeister und andere Virtuosen

A virtuoso is a musician with real high morals.

When a singer sings, he stirs up the air and makes it hit any passing eardrums. But if he is good, he knows how to keep it from hurting.

Caruso was at first Italian. Then someone heard his voice and said he would go a long way. And so he came to America.

A good orchestra is always ready to play if the conductor steps on the odium.

Most authorities agree that music of antiquity was written a long time ago.

The concertmaster of an orchestra is always the person who sits in the first chair of the first violins. This means when a person is elected concertmaster, he has to hurry up and learn how to play a violin real good.

Anyone who can read all the instrument notes at the same time gets to be the conductor.

Kleine Instrumentenkunde

Instruments come in many sizes, shapes and orchestras.

A harp is a nude piano.

A tuba is much larger than its name.

You should always say celli when you mean there are two or more cellos.

Question: What are kettle drums called?
Answer: Kettle drums.

Another name for kettle drum is timpani. But I think I will just stick with the first name and learn it good

A trumpet is an instrument when it is not an elephant sound.

While trombones have tubes, trumpets prefer to wear valves.

The double bass is also called the bass viol, string bass, and bass fiddle. It has so many names because it is so huge.

When electric currents go through them, guitars start making sounds. So would anybody.

Last month I found out how a clarinet works by taking it apart. I both found out and got in trouble.

Question: Is a saxophone a brass or a woodwind instrument?
Answer: Yes.

The most dangerous place about playing cymbals is near the nose.

Tubas are a bit too much.

Music instruments have a plural known as orchestra.

A bassoon looks like nothing I have ever heard.

My favourite instrument is the bassoon. It is so hard to play people seldom play it. That is why I like the bassoon best.

A contra-bassoon is like a bassoon, only more so.

It is easy to teach anyone to play the maracas. Just grip the neck and shake him in rhythm.

Just about any animal skin can be stretched over a frame to make a pleasant sound once the animal is removed.

Und zum Abschluss noch der Schreckensruf eines klein geratenen Klavierschülers:

I can't reach the brakes of this piano!

Abenteuer in Haag

... mit und ohne Nia

Nun war ich also plötzlich Intendant. Wenn der Begriff vom Lateinischen »intendo« kommt (nein, nicht »Nintendo«), dann ist der Intendant wohl einer, der was (davon) versteht. Diese unverschämte Anmaßung muss es gewesen sein, was mich an der Stelle interessierte.

Im Raum der Bundestheater nennt sich derselbe Job »Direktor« – dieser Amtstitel ist etwas klarer, bedeutet er doch nur »Leiter«. Also nicht eine, auf die man draufsteigt, sondern einer, der »Direktiven« gibt und berechtigt ist, die anderen in bestimmte Richtungen (»Direktionen«) zu schicken, manchmal auch alle in unterschiedliche Richtungen – Hauptsache, niemandem wird fad.

Wir werden unweigerlich an den Witz von den drei Papageien erinnert: ein schöner, der fließend deutsch spricht und 100 Euro kostet; ein noch viel schönerer, der drei Sprachen spricht und

Wie viel kostet eine Bahnfahrt von St. Valentin nach St. Valentin? Ich hab's ausprobiert: 2 Euro.

500 Euro kostet; und schließlich einer, der 1000 Euro kostet, aber überhaupt keine hervorstechenden positiven Eigenschaften hat. Auf die Frage, was diesen Papagei denn so außergewöhnlich mache, antwortet der Verkäufer verschwörerisch: »Ich weiß auch nicht, aber die anderen sagen ›Herr Direktor‹ zu ihm.«

Wessen Befreiung nochmal?

Natürlich bin ich kein Bundestheater-Direktor, sondern nur Sommertheater-Intendant, und zwar in der lauschigen Mostviertler Kleinstadt Haag. Also nicht Den Haag, sondern das Haag, auch nicht Haag am Hausruck, das liegt im östlichen Oberösterreich, sondern Haag an der Autobahn im westlichen Niederösterreich.

Ich bin hier Nachfolger des tirolerisch-dynamischen Gregor Bloéb, der in seinem letzten Haager Theatersommer 2013 die Latte mit dem Uraufführungstriumph von Felix Mitterers *Jägerstätter* sehr hoch legte. Ich kann voll Selbstbewusstsein verkünden, dass es mir in meinem ersten Festival-Sommer gelungen ist, diese Latte sauber zu unterspringen. Meine Wahl fiel auf einen Autor, dessen Gesamtausgabe selbst in den bestsortierten Mostviertler Bibliotheken fehlen dürfte: auf Fritz von Herzmanovsky-Orlando. Die ausgewählte Komödie hieß *Zerbinettas Befreiung* und stellte das potenzielle Publikum auf eine harte Probe. Bestellen Sie mal telefonisch Karten für »Zerbinettasbefreiungvonfritzvonherzmanovskyorlando«!

Manch eine(r) kapitulierte, mehrmals fiel der Name »Herzmansky« und ein wildentschlossener Kartenkäufer erbat sogar Zutritt zu dem Stück *Ciabattas Zerstörung*.

In nackten Zahlen ausgedrückt: Wir erreichten eine Auslastung von über 80 Prozent. Das ist eine Quote, für die sich so man-

Venedig auf dem Haager Stadtplatz: Marcus Ganser sieht nach dem Rechten, Sam Madwar in die Kamera.

Michael Grundner ist nicht nur ein fabelhafter Lichtdesigner, er hat auch einen ebensolchen modischen Geschmack.

Garderobenschnappschuss: Sam Madwar als Mörder, Boris Eder und meine Frau Cornelia

Marcus Ganser mit dem Haager Theaterkater Willi

ches deutsche Stadttheater alle zehn Finger abschlecken würde – wenn Stadttheater denn Finger zum Abschlecken hätten.

Direktor Holender konnte dem Begriff »Auslastung« übrigens nie etwas abgewinnen, das seien nur »versessene Hintern« – er zählte lieber die Einnahmen.

Für ein Sommerspektakel ist 80 plus jedenfalls eine Spur zu wenig, aber immerhin haben rund 10 000 Damen und Herren den Vorstellungen beigewohnt und konnten eigentlich eine Uraufführung erleben: Der multitalentierte Alexander Kuchinka hatte den Einakter mit eigens komponierten Chansons, G'stanzln, Arien und Bühnenmusiken in den Rang eines Singspiels erhoben – und wirkte auch selbst mit. Sam Madwar war der Schöpfer wunderbarer Schwarz-Weiß-Venedig-Bilder – und wirkte auch selbst mit. Sogar der Intendant wirkte auch selbst mit: Ich konnte mir die Rolle des böhmakelnden Dogen-Apothekers Quintus Servilius Novotny einfach nicht entgehen lassen. Was ein böhmischer Apotheker in einer venezianischen Commedia dell'Arte zu suchen hat, dürfen Sie übrigens nicht mich fragen. Diese Auskunft hätte Ihnen – leider nur bis 1954 – einzig FHO geben können, wie sich der Autor gerne abkürzte.

Regen & Fußball contra Sommertheater

Der ganze Bühnenraum sollte nach Alexander Kuchinkas Wünschen die Luft Venedigs atmen – was bei den subarktischen Regenwetter-Verhältnissen, die uns der Sommer 2014 hauptsächlich bescherte (nein, geschneit hat es nie), nicht immer gelingen wollte. Wir trösteten uns mit der Feststellung, dass Venedig ebenfalls eine sehr feuchte Stadt ist, wenn auch mehr von unten.

Mehr als einmal aber blickte der Intendant im Apotheker-Kostüm bang zum Himmel, wog seine mächtige silberne Klistierspritze in den Händen und fragte sich, warum der Schüttregen immer abwechselnd mit Live-Übertragungen von WM-Matches auftrat.

Manchmal leitete ich die Theaterabende mit launigen Ansprachen ein, bisweilen schippte ich auch stumm den Wasserfilm von der Bühne, während jemand anderer begrüßende Worte sprach. Einmal sagte ich, ganz Fußball-Experte, dass in der Television gerade ein Match über den Rasen gehe, aber man wisse ja, dass in der ersten Halbzeit niemals Tore fallen. Das war der historische Abend des Spiels Deutschland versus Brasilien, das bereits zum Pausenpfiff etwa 40 : 0 stand. Mir wurde von meinem Team verboten, mich künftig öffentlich über den Rasensport zu äußern.

Aber zurück ins Venedig des Mostviertels: Sogar die Haager Kirchturmglocken durften (verkleidet als original venezianische Glocken) mitwirken, und das Trafikschild in Bühnennähe wurde auf meine Anregung hin italianisiert (siehe Bild oben).

Ich stellte ein zauberhaftes *Zerbinetta*-Ensemble zusammen, unter anderen Michaela Schausberger als resolute Titelheldin, Evelyn Ruzicka als ihre beherzte Freundin Colombina, Boris Eder als Zerbinettas erfolgreichen Verehrer Brighella, Georg Wacks als dessen erfolgloses Pendant, Marcus Ganser als drollige Urgewalt eines Chaos-Capitano, Marco di Sapia als angeberischen italienischen Edelmann. Regelmäßig stellte Marco in der Küche des Pfarrhofes schmackhafte Nudelgerichte her. Nie vergessen werde ich, wie er – halb Italiener, halb Österreicher, halb Deutscher, halb Bariton, halb Schauspieler, also ein Mann mit vielen Hälften – in voller Kostümierung auf mich zustürmte und alarmiert verkündete, die Küche sei versperrt.

So sei es doch immer nach Vorstellungsbeginn, meinte ich verwirrt.

Da erhob er seine Stimme, wie eine italienische Mamma, deren Nachkommenschaft vom Hungertod bedroht ist, und rief: »Ma c'ho un sugo sul fuoco!« (»Aber ich habe einen Sugo auf dem Feuer!«). Die Küche wurde geöffnet, das Nachtmahl gerettet.

»Verbannung nach Caorle«

Meine Frau Cornelia Horak durfte sich für einen Großteil der Stückdauer als Alt-Blockflötistin im ausgefallen besetzten Bühnenorchester betätigen (Kuchinka spielte selbst das Harmonium; Laute, Trompete und eben Flöte kamen dazu) und tauchte im Finale als glockenhell singende Fürstin von Cythera auf, um die Liebenden zu vereinen. Dass »Die Einschiffung nach Kythera« eine Rokoko-Umschreibung für den Liebesakt ist, hätte ich vielleicht im Programmheft erwähnen sollen …

Last, but not least, spielte Florentin Groll den knurrigen Vormund Zerbinettas, Pantalone. Der immer lernwillige Georg Wacks freundete sich voller Bewunderung mit dem pensionierten Burgtheater-Schauspieler an und schwärmte eines Abends:

– Was für ein Profi, dieser Florentin. Er hat mir so großartige Tipps gegeben.
– Zum Beispiel?
– Zum Beispiel: »Such dir einen anderen Beruf.«

Dem Pantalone oblag die Eröffnung des Abends mit einem Satz, der über mehrere Zeilen ging und … ziemlich unverständlich war. Daran traf Florentin keinerlei Schuld. Es war die Absicht des Autors, das Publikum in den ersten 20 Sekunden vollständig zu verwirren, wohl um zu signalisieren: Die da oben haben keine Ahnung, was sie reden. So lautete die Verwirrung:

Was schon vor Monden Messer Smecchia,
Der ehrenwerte Polizeiminister
Unsrer erlauchten Republik, des Nachts –
Sogar des tiefsten Nachts – als er geheim
Und schier bis zur Unkenntlichkeit vermummt
Mich aufgesucht – was er mir damals sagte –
Nein, flüsterte, denn schrecklich war's zu hören –
Dass dräuend sich ein neuer Krieg gebäre,
Von der Levante her mit Feuerzungen
Wider Venedig leckend – dies, ihr Herren,
Wird nun, so scheint es, grause Wirklichkeit.

Ähem ... was wird nun eigentlich grause Wirklichkeit? Wenig später hagelte es Begriffe wie »Ambasciatore«, »Fregatte«, »Anticamera« und »Portofoglio«, die in der Mostviertler Alltagskonversation nur selten aufscheinen. Ich fürchte, Fritz von Herzmanovsky-Orlandos Kunstgriff wurde hin und wieder missverstanden, was unabsichtlich zu dem Ergebnis führte, dass Teile des Publikums sich selbst für blöd hielten statt die da oben. Das soll nicht passieren. Ein Publikum, das sich für blöd hält, hat man verloren, und es ist gar nicht leicht, die Herrschaften zurückzugewinnen.

Wir dokterten am Eröffnungsmonolog (während dessen sich laut den originalen Regieanweisungen eine »backhuhngroße Fliege« auf der Bühne zu tummeln hatte) herum, Florentin tat es auch bisweilen irrtümlich (»bis zur Unendlichkeit vermummt«, sagte er einmal).

Der gestrenge Pantalone hatte einem Ambasciatore die »Verbannung auf den Lido« anzudrohen. Aber wer weiß schon schnell, dass der venezianische Lido ein Sehnsuchts- und kein Bestrafungsort ist? Erst für die letzten Vorstellungen änderte Florentin Groll den Satz in »Verbannung nach Caorle«. Das hatte FHO zwar nie geschrieben, aber die Pointe saß.

»... und Campingg'schirr«

Auf dem venezianischen Marktplatz wurde alles Mögliche feilgeboten: »Perlenketten«, »Wanzenpulver für Ehebetten«, »Federwische«, »Tintenfische« ... und auch »Masken hier«, hinter denen man »unkenntlich schier« sei. Kuchinka vertonte die Marktszene schwungvoll, mit einem Oktavaufschwung bei »un-kenntlich schier«.

Die junge Geschäftsführerin des Theatersommers Haag, Maria

Zur Verkaufsunterstützung produzierte man Zerbinetta-Bierdeckel und Weihnachtskarten.

Reitzinger, lauschte einer Probe und fragte danach ratlos: »Singt's ihr wirklich ›Masken hier ... und *Campingg'schirr*‹?«

Bei der letzten Vorstellung haben alle zu Marias Ehren ihren Verhörer wirklich intoniert!

Ich genoss Reime wie den folgenden:

So nimm doch mich zum Mann und sei kein Scheusal.
Das Glück, Geliebte, wohnt im kleinsten Häusal!

So fleht Brighella, worauf Zerbinetta keck antwortet:

Ich überleg's mir morgen, mein Brighella,
Für heut kamst du zu spät – der Herr war schnella!

Auch Tartaglias Drohung »Mein Schwert wird dich zu Mortadella metzgen!« gehörte für mich zu den sprachlichen Höhepunkten.

Die schwerste Rolle des Abends hatte, das bedarf der Erwähnung, meine Tochter Emily. Sie musste nämlich meine Tochter spielen, was ihr schon im wirklichen Leben nicht immer leicht fällt. Zu ihr und noch zwei (unechten) Töchtern durfte ich prachtvolle Dinge sagen beziehungsweise singen. Der Apotheker Novotny erklärt nämlich unablässig die rund um die Bühne anzutreffende Flora (der bei der Premiere anwesende Karl Hohenlohe zeigte sich sehr zufrieden, dass ich mich auch abseits des Opernballes als »Deflorist« verdient machte):

Seht, Kinderchen, hier des Keuschlamms verzweigte Kette.
Gern streun sich die Jungfraun das Heu seiner Blüten ins Bette.
Tretet getrost herzu. Das Lamm, wie gesagt, ist keusch.

Aber es gibt auch Pflanzen, die fressen Fleisch.
Salami – kalte Hendeln – was gut und teuer ist.
Das ist eine Sorte, die nicht geheuer ist.

Manchmal vergreifen sich dieselben sogar an Lebewesen. Unter anderm haben diese Ludern dem heiligen Franziskus von Assisi, welcher bekanntlich ein bedeitender Tierfreind war, einen Zwergpinscher glatt von der Schnur heruntergebissen, was in jedem Lehrbuch der Kirchengeschichte zu lesen steht.

Regisseur Kuchinka fand eine grenzgeniale Umsetzung der Regieanweisung »Aus der Kulisse nähern sich dumpfe Stimmen.« Er ließ die Herrschaften in der Kulisse einfach murmeln: »Dumpfe Stimmen, dumpfe Stimmen …«, worauf Capitano Tartaglia glaubwürdig antworten konnte: »Ha! Was hör ich? Dumpfe Stimmen?«

Sommer Nummer zwei: »Reset«

Meine scherzhaft vorgetragene Parole »Wenn schon eine Bretz'n, dann im ersten Jahr« bewahrheitete sich zwar nicht – es wurde kein Misserfolg, aber eben auch nicht so ein Erfolg, wie ihn sich die Haager verdienten.

Total voll war 2014 nur der Soloabend von Viktor Gernot, was wir auch in der Ankündigung gleich vermerkten. Dies führte zu einem liebenswerten Missverständnis. Ein Anrufer begehrte zwei Karten »für Viktor Gernots Programm *Ausverkauft*.«

Im zweiten Sommer griff ich zu einer uns näher stehenden Komödie: *Reset – Alles auf Anfang* aus der Feder von Roman

Frankl und Michael Niavarani.* Irgendwo las ich, dass »Intendant Wagner-Trenkwitz auf Nummer sicher« gegangen sei; allein, im Theater gibt es keine sichere Nummer, keine garantierten Erfolge.

Fest steht nur, dass man auch gute Stücke in den Sand setzen kann. Hinter einem Erfolg aber steht jedenfalls harte Arbeit, und die wurde auch hier geleistet, insbesondere von meinem Wunschregisseur Werner Sobotka, der den Text nochmals zuspitzte und aus dem siebenköpfigen Ensemble eine Parade von köstlichen Boulevard-Typen meißelte, die in präzisem Timing aufeinander reagierten.

»Timing« ist gerade in der Komödie die unabdingbare Basis für Erfolg. Wie gerne würde ich Ihnen einen entsprechenden deutschen Begriff dafür anbieten, aber es fällt mir keiner ein. Stattdessen ein Kurz-Sketch, für den der Regisseur und Intendant Josef Ernst Köpplinger, der sich ebenfalls meisterlich auf das so schwierige »leichte« Genre versteht, gerne ahnungslose Partner heranzieht:

- Frag mich, was ich von Beruf mache und was mein Problem ist.
- Was ist dein Beruf?
- Schauspieler.

---

* *Reset* war als Uraufführung angekündigt, was einige Besucher und Rezensenten nicht verstanden, war das Stück doch schon erfolgreich in Berndorf gelaufen. Einmal noch erkläre ich die Sache gerne: Bei der Serie in Berndorf handelte es sich um Vorsaufführungen, wie sie im angelsächsischen Theaterbetrieb üblich sind; im Anschluss an diese Serie wurde das Stück radikal umgeschrieben (zwei Akte wurden umgestellt, Personen wurden gestrichen beziehungsweise hinzugefügt) und dann zur Uraufführung freigegeben. Diese fand im Juli 2015 in Haag statt, und zwar in einer von Werner Sobotka nochmals stark veränderten Fassung.

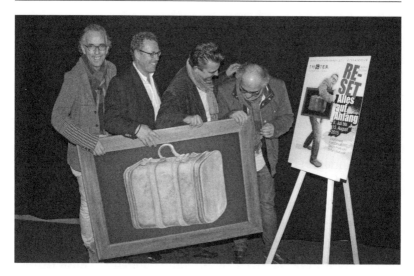

Oben: Vorfreude auf Reset *in absteigender Reihenfolge: Werner Sobotka, Herbert Steinböck, ich und Autor Niavarani bei der Pressekonferenz.*
Unten: *Ein glücklicher Intendant nach der Premiere, aus perspektivischen Gründen zwei Köpfe größer als Nia, Haag-Geschäftsführerin Maria Reitzinger und Ko-Autor Roman Frankl.*

– Und was ist dein ...
– Timing!

Parallel zu den Aufführungen des »Hauptstückes« auf der Haager Bühne läuft in mehreren Aufführungen auch eine *special!-junior!senior!-Produktion*, die im Jahre 2015 *Don Gil von den grünen Hosen* galt.

Die Kinder aus dem Raume Haag reißen sich um eine Mitwirkung, und die auserwählte Schar von über 20 jungen Künstlerinnen und Künstlern genießt die ersten theatralischen Gehversuche fast so sehr wie ihre über alle Maßen gerührten Angehörigen. Ein Mädchen aus der Junior-Produktion sah auch gebannt der *Reset*-Hauptprobe zu. Erst beim Schlussapplaus realisierte sie, dass die Komödie nur sieben Darsteller hatte und wandte sich basserstaunt an ihre Mutter: »Da haben sich nur sieben gemeldet?«

Die glorreichen Sieben hatten es jedenfalls in sich: der Energie-Vulkan Herbert Steinböck in der zentralen Komikerrolle – praktischerweise mit Namen Herbert; Patricia Nessy als seine überspannte Ehefrau; Michaela Schausberger, die alles andere als ein dummes Blondchen ist, aber es grandios verkörperte; Wolfgang »Fifi« Pissecker als Herberts schrill-schwuler Halbbruder; Matthias Mamedof als rasender Investment-Berater; Josef Ellers als zauberhaft benebelter Zivildiener; und schließlich Josef Forster als Malermeister Klapsch, der das wilde Treiben um einen verschwundenen Geldkoffer stoisch kommentiert.

Rund um die zehnte Aufführung proklamierte *Der Standard* »Geldkoffer« zum Wort der Woche. Aber da war die Serie ohnehin schon ausverkauft. Während ich diese Zeilen schreibe, läuft *Reset* weiterhin mit unglaublichem Erfolg.

Eine Redakteurin von *SkyUnlimited* (wahrscheinlich ein Luftfahrtsjournal) übermittelte per Mail einige Fragen an Intendant und Regisseur, eine davon lautete: »Was ist die Botschaft des Stückes?«

Nun ja, *Reset* bringt uns die Botschaft, dass man im Sommertheater lachen darf, in diesem Falle sogar muss. Michael Niavarani hat dem Begriff »lachen müssen« ja einen neuen Sinn gegeben. Er überrumpelt und zwingt uns, Spaß zu haben – ein Millionenpublikum dankt es ihm, und eine Handvoll Missvergnügte muss es immer geben.

»Wir waren auch einmal jung«

Wenn schon ein Nia-Stück aufgeführt wurde, in dem er nicht mitwirkte, dann musste das Publikum doch auch einmal den Meister persönlich vorgesetzt bekommen.

Ich lud den Freund ein: »Gehen wir zwei doch auch einmal gemeinsam auf die Bühne und machen … irgendwas.«

Als wir die Show ankündigten, hatten wir keine Ahnung, was da geschehen sollte – nicht, dass wir es später, im Moment unseres Heraustritts auf die Bühne, so genau wussten! Das einzig Sichere war, dass wir von unserer gemeinsamen Jugend erzählen wollten, und zwar unter dem – von langer Hand festgelegten – Titel *Wir waren auch einmal jung*. Gleichsam als Beleg dieser kühnen Behauptung fischte ich ein Jugendbildnis von uns beiden (siehe Abbildung Seite 215 oben) aus dem Archiv, das die Programmankündigung zierte.

Aus der einen Show wurden jedenfalls bald zwei, da die Publikation des Namens *Niavarani* einen augenblicklichen Run auf Karten produzierte und er so lieb war, sofort einen weiteren Auftritt zuzusagen.

Zur Vorbereitung unseres Blödelabends trafen wir einander in einem kastanienbestandenen Gastgarten in Stadt Haag. Dort bestellten wir zwei große »Obi g'spritzt« – was jeder Österreicher sofort versteht; der Handvoll deutschen Buchkunden, die es bis auf diese Seite geschafft haben, sei erklärt: »Obi« ist eine Apfelsaftmarke, und »g'spritzt« heißt »mit Sodawasser verlängert« (es kann auch »snobistisch« bedeuten, aber nicht in diesem Zusammenhang). Nia und ich fanden aber sofort eine andere Erklärung: Das sei ursprünglich der unerfüllbare Wunsch eines verwirrten Chemikers gewesen, der »einen halben Liter Apfelsaft, obig'spritzt* auf ein Achtel« bestellt habe.

Nia liebt diese paradoxen Witze: Von ihm stammen ja auch die Erkenntnisse, wir kämen noch nicht an die Reihe, weil wir »in die falsche Richtung gewartet« hätten, und er sei todmüde, weil er »in die falsche Richtung geschlafen« habe. Das erinnert ein wenig an die »falschen Fußschmerzen« aus einem Farkas-Waldbrunn-Sketch: »Ich dachte die ganze Nacht, ich hätte Fußschmerzen, aber beim Aufwachen bemerk ich, ich lieg verkehrt im Bett und hab Kopfweh.«

Bei unserem lauschigen Vorgespräch entsannen wir uns der Scherze über seine Herkunft, die wir im halben Kindesalter gemacht hatten: Dass er einen persischen Golf fahre, dass bei ihm auf dem Perserteppich ein Perserkater schlafe und er seine Wäsche nur mit Persil wasche …

Apropos: Mindestens so alt ist folgende Witzfrage. »Was ist der Unterschied zwischen einem Bäcker und einem Perserteppich? Der Bäcker muss in der Früh aufstehen, der Perserteppich kann liegenbleiben.«

---

* … und dieses Wort, liebe bundesdeutsche Freunde, würde »hinuntergespritzt« bedeuten!

Teheran und Düsseldorf

Wir rekonstruierten Nia-Kalauer aus den 1980er-Jahren (»Meine beiden Hunde heißen Gelegenheit und Patrone. Sitz, Gelegenheit! Platz, Patrone!«), erinnerten uns an den gemeinsamen Ö1-*Klassiktreffpunkt* im Juni 2007, als ich Nia, dem notorischen Bis-Mittag-Schläfer, zugestand, er könne ruhig ein wenig später erscheinen, denn »am Anfang spiel ich eh Musik«. Darauf er: »A deshalb heißt das E-Musik!«

Im Jahre 1999 hat Nia bereits den Haager Theaterkeller beehrt.

Damals gab er mir Einblicke in persische Geografie (»*Niavaran* ist ein Stadtteil von Teheran. Ich heiße also eigentlich *Floridsdorfer*.«) und Mentalität:

– Ein persischer Mann ist erst dann ein Mann, wenn er ein Mal am Tag geweint hat.
– Ach, gibt es dort keine Machos?
– Doch, aber sie weinen dabei.

Immer wieder kam an jenem sonnigen Spätvormittag in Mitters Garten unsere Sorge zum Vorschein, uns in Insider-Scherzen zu verlieren, die niemand teilen kann – es ist eine schlimme Vorstellung, dass die beiden auf der Bühne die einzigen sind, die Spaß haben. Nia erdachte eine Generalentschuldigung, sollte dieser Fall eintreten. Er würde einfach sagen: »Das ist nur lustig, wenn man uns kennt – aber dich kennt ja keiner!« Ich finde es unglaublich lieb von ihm, dass er es auf der Bühne dann nicht gesagt hat.

Das meiste, was wir bei unserem Vorgespräch geplänkelt haben, wurde jedenfalls auf der Bühne nicht gesagt. Wie beispielsweise jener Dialog, den Nia und ich einmal nach seiner Rückkehr aus Düsseldorf geführt haben:
– Die Düssel ist ein Fluss, wusstest du das?
– Nein.
– Noch dazu ein Sackfluss.
– No pfui. Aber ich kann dir sagen, Düsseldorf ist froh, dass es die Düssel hat. Sonst hieße es nur »Dorf«.

Was würde unser Programm bringen? Jedenfalls kein Programm; sondern ein Mittelding aus »Crossover« (= wir haben uns nicht entscheiden können), »Work in Progress« (= wir sind nicht fertig geworden) und »Learning by Doing« (= wir haben leider keine Ausbildung).

Folgendes ist dann an jenem Abend unter anderem passiert …

»Like a Virgin«

Wir begannen mit einer Zuspielung von Madonnas *Like a Virgin*, und zwar, weil der Song die Nummer zwei der Hitparade 1985 war und ich den Mittelschüler Michael N. damals in einer Nestroy-Schüleraufführung entdeckte; er war zu jener Zeit – zumindest künstlerisch, den Rest kann ich nicht beurteilen – tatsächlich noch jungfräulich.

Wir blendeten uns also in diese vorsintflutliche Zeit zurück, in der es, wie Nia sagte, »kein Handy gab, kein Twitter, kein Tinder, kein Twix und kein Raider«, sich aber gerade die neueste Kommunikationserfindung namens »Anrufbeantworter« einbürgerte.

Unser Theaterkollege Rupert Henning war einer der Ersten, die so ein neumodisches Gerät besaßen, seiner Großmutter hingegen war es nicht geheuer. Die erste Nachricht, die Rupert auf der Maschine vorfand, stammte von ihr: »Würden Sie meinem Enkel bitte ausrichten, dass ich angerufen habe?«

Rupert Henning formulierte auch in knappem Kärntnerisch eine goldene Regel, die Anwendung findet, wenn das Publikum etwas lau reagiert: »Geht schwerer, muasst fester.«

Während Nicolaus Hagg, ein weiterer Kärntner Kampfgefährte der frühen Jahre, ein anderes Axiom aufstellte: »Selbst der schwächste Sketch wird erträglich, wenn man einen lustigen Hut dazu aufsetzt.«

Offen muss bleiben, ob sich diese Empfehlung auf die Darsteller beschränkt oder ob im Falle von besonders matten Texten auch im Publikum Kopfbedeckungen ausgegeben werden sollten.

Das Haager Auditorium war jedenfalls auch ohne Hüte in bester Laune. Gleich zu Anfang versprachen Nia und ich, dass das

Beste am Schluss kommen würde – »die Pause. Wir hören eine halbe Stunde früher auf!« –, machten diese Ankündigung aber nicht wahr. Stattdessen ließ ich Niavarani den Monolog des Lips aus Nestroys *Der Zerrissene* lesen – 30 Jahre, nachdem ich ihn in der Schule erstmals mit diesen Worten gehört hatte. Das blieben, abgesehen von einer Farkas-Grünbaum-Doppelconférence, die wir als Zugabe brachten, die einzigen gelesenen (im Übrigen aber auch nicht zuvor geprobten!) Momente unseres Programms, das keines war.

Stattdessen entstand manche improvisierte Perle aus dem Augenblick. So rügte mich Nia, weil ich mitten im Satz eine Erfrischung zu mir genommen hatte:

– Das lernt man auf der Schauspielschule, dass man nicht mitten im Satz trinkt. Das geht nicht: Guten Abend, meine ... *(trinken)* ... Damen und Herren. Eine unmögliche Pause!
– Der Otto Schenk macht das, auch ohne zu trinken.
– Ich glaube nicht, dass der Schenk irgendwas macht, ohne zu trinken!

Ich erzählte davon, dass ich sein Soloprogramm *Homo Idioticus – Kulturgeschichte des Trottels* (»Ein autobiografisches Programm«, ergänzte Nia) vor dem Sommer besucht hatte. Da stellte er, durchs Publikum spazierend, eine tiefernste Frage: »Was würden Sie tun, wenn Sie nur mehr 24 Stunden zu leben hätten?«

Ein Mann antwortete: »Ich tät morgen noch einmal in Ihren Abend kommen.«

Nia war sprachlos vor Rührung, bis der Befragte zum Nachsatz ausholte: »Vielleicht wird's besser.«

Zu ordinär?

Ein unbekannter Fan hat Nia folgendes Kompliment gemacht: »Herr Niavarani, Sie san ja a Legende für mich. Sie san der Erste, der was im Fernsehn *Beidl'* g'sagt hat.«

Ausgehend von dieser Anekdote musste ich den Freund auf der Bühne fragen, ob er nicht manchmal zu ordinär sei.

»Natürlich«, gab er zurück, »ich bin mir manchmal selbst zu ordinär.«

Einmal erhielt er einen Brief von einer Hofratswitwe, die ihn für den Gebrauch allzu vieler Kraftausdrücke milde tadelte.

»Weißt du, was ich geantwortet habe? ›Scheißen Sie sich nicht an, gnädige Frau!‹«

An uns zwei Hübschen kann man sich einfach nicht sattsehen. Oder?!

Es ist aber auch schwer, jugendfrei zu bleiben, wenn man nicht Geschichten wie jene von Nia selbst erlebte auslassen will.

Da kündigte einmal ein hypernervöser Moderator den Auftritt von zwei Publikumslieblingen folgendermaßen an: »Hier ist Waltraud Schaas und seine Frau Erwin Strahl.«

Um nicht nachzustehen, berichtete ich die wahre Begebenheit von einer blutjungen Schauspielerin, die mit einer Ein-Satz-Rolle in Erscheinung zu treten hatte. Als jüngste Tochter des Hauses stürmte sie auf die Bühne und rief: »Vater, Mutter, schnell!«

An einem Abend wollten ihr die Worte nicht recht von der Zunge gehen. Sie riss die Türe auf und schrie statt »Vater, Mutter, schnell!« ins verblüffte Auditorium: »Fut!« Hernach schloss sie die Türe schamvoll langsam hinter sich, und keiner der Anwesenden konnte sich die Episode erklären.

Nia schimpfte mit mir, denn dieser Ausdruck sei selbst für ihn auf der Bühne tabu ... und schon waren wir bei Schauspieleranekdoten, insbesondere jenen über die ungeliebten Kleinrollen, gelandet.

Ich trug die – in diesem Buch abgedruckte – Geschichte vom »großen Mitterwurzer« bei, Nia konterte mit diesen zwei Juwelen:

Ein alternder Schauspieler, den Depressionen verfallen, weil er zeitlebens nur mit Nebenrollen abgespeist worden war, holte sich von seinem Therapeuten den Rat, er möge bei seiner Direktorin Emmy Werner auf eine Hauptrolle bestehen. Sogar eine Titelrolle sollte es einmal sein.

Also fasste sich der Schauspieler ein Herz und begehrte auf: »Ich will eine Titelrolle spielen!«

Emmy Werner gab prompt zurück: »Was wollen S' spielen? Die Möwe?«

Die andere Geschichte bezieht sich auf ein Verschwörerdrama, bei dem sich einige Herren in einem geheimen Raum, wie es eben so kommt, verschwören, und dabei auf die Ankunft eines gewissen Pierre warten. An einer Stelle wird der Aufpasser – das ist eben die undankbare Minirolle – hereingerufen, der auf die Frage »Ist Pierre schon hier?« zu antworten hat: »Noch nicht!«

Auch mikroskopische Auftritte kann man versäumen. Der Unglückliche tat es, und dachte wohl, während die Verschwörer auf der Bühne immer dringlicher fragten »Ist Pierre schon hier?«, an seine Einkaufsliste.

Der Inspizient, der das Stehen der Vorstellung bemerkte, stieß den unaufmerksamen Aufpasser hinaus, der fand sich plötzlich textlos mitten auf der Bühne.

Der Souffleur zischte ihm zu: »Noch nicht!«, worauf der Überraschte hervorstieß: »Ja, ich weiß, aber der hat mich rausgestoßen!«

Gerettete Bruce-Willis-Anekdote

Bisweilen bedienten wir uns unserer bewährten Repertoires. Ich gab *Schwan*-bekannte Anekdoten von Liewehr bis Holender zum Besten, Nia zitierte aus eigenen Programmen, zum Beispiel: »Alle haben heutzutage ein Burnout. Sogar Beamte! Ein Beamter mit einem Burnout ist wie ein Eunuch mit einer Vaterschaftsklage!«

Es kam aber auch zu völligen Neuerungen. Die folgende Geschichte erzählte ich über Jahrzehnte so pointenlos, wie sie eben war. Herrn Niavarani verdanke ich die Veredelung, die an jenem Abend spontan passierte.

Im Alter von etwa 30 besuchte ich eine Broadwayaufführung, der auch Bruce Willis beiwohnte. Er drehte damals *Pulp Fiction* und hatte dementsprechend wenig Haare. In der Pause postierte ich mich in einer Zweierreihe, die zur Herrentoilette führte. Was soll ich Ihnen sagen: Neben mir stellte sich Bruce Willis an! Und als ich endlich drankam – wer steht an der Muschel neben mir? Bruce Willis!!
Damen fragen an dieser Stelle der Erzählung zumeist: »Und?«
Wohl, weil sie annehmen, ich hätte in diesem feierlichen Augenblick an dem Hollywood-Star hinuntergeblickt.
Ich tat nichts dergleichen, versenkte mich in die Feierlichkeit und ließ meiner Blase freien Lauf.

Als ich mit der netten Story fertig war, fragte Nia: »Und, hat er gar nichts zu dir gesagt? Zum Beispiel ›Schiff langsam‹?«

Da fällt mir ein, dass ich von Glück reden kann, nicht neben Tom Cruise gestanden zu sein. Der hätte mich vielleicht mit dem Satz entmutigt: »Pischen impossible!«*

Wir besprachen auch, ohne Scheu vor den vielen Zuhörenden, sehr Persönliches.

---

* Viktor Gernot hat mir noch einen weiteren guten Pointen-Rat gegeben: »Das nächste Mal erzähl, dass du an ihm runtergeschaut und dabei festgestellt hast: Der kleine Bruce hat dieselbe Frisur wie der große!« Sehr lustig, Gernot, aber wegen Unanständigkeit gibt es dafür leider nur eine Fußnote!

– Nia, du hast immer schon viel älter gewirkt.
– Das sind meine persischen Gene.
– … deine altpersischen Gene!
– Wie alt bist du überhaupt, Christoph?
– 53. Ja, ich bin 50 plus.
– 53 ist nicht 50 plus, das ist schon 60 minus. Und, geht noch alles?
– Was mir an jugendlichem Elan abgeht, mache ich mit Erfahrung wieder wett. Aber meine Frau ist sehr nachsichtig.
– Deine Frau muss vor allem sehr kurzsichtig sein …

»Mei' Schmäh«

Ich gestehe, dass ich doch zwei Texte für diesen *Impro-Abend* vorbereitet hatte. Einer kam dran, der andere nicht.

Für unsere gemeinsamen Auftritte vergewaltigte ich *My Way*, einen von Frank Sinatras größten Erfolgen, mit einem neuen Text. Erst nach dessen Abfassung habe ich erfahren, dass Joesi Prokopetz bereits in den 1980er-Jahren eine Parodie selben Namens geschrieben hatte; ich kannte und kenne das Opus nicht, hoffe aber stark, dass er den Titel *Mei' Schmäh* nicht urheberrechtlich geschützt hat. Mein Text jedenfalls kann sich mit dem seinen nicht allzu sehr decken, denn ich weise nach, dass ich – seit meinem Rückzug von der Kleinkunstbühne – in Wahrheit alle Witze aller seitdem tätigen Kabarettisten erfunden habe:

Die Welt des Kabaretts
ist voll von Glanz, doch auch Intrigen.
Für Geld erzählt man Schmähs
und lässt die Wuchteln niedrig fliegen.

Abenteuer in Haag

Woher sind die Ideen
von Steinböck, Stipsits, Resetarits?
Das werdet ihr gleich sehn:
Die sind vom Trenkwitz.

Den Stars im Rampenlicht,
Niavarani, Günther Lainer,
reicht ihre Wampen nicht,
es zählt Humor! Doch es ist meiner ...
Sie wurden sehr berühmt
und furchtbar reich, was ich nicht einseh,
was es heut Neues gibt
ist alles mein Schmäh.

Wir saßen zusamm' bei einem Bier,
ich sagte »Kühlschrank« – Nia war hier ...
Ich sag: »Im Keller! Hader, verwert's!«
»Hinterholz Acht!« – Düringer hört's ...
Den Vitasek
schert's einen Dreck
Er stiehlt sich mein Schmäh!

Man liebt lustige Herrn,
wie Viktor Gernot, Florian Scheuba.
Doch sie, ich sag's nicht gern
sind alles Diebe und Räuber.
Ich bin sehr tolerant,
Doch es muss raus, bevor ich eingeh:
Was Ster- und Grissemannt
ist alles mein Schmäh.

Was hab ich davon? Nicht einen Cent!
Bin ein Genie, das keiner kennt!
Einmal im Jahr, beim Opernball
hört man mir zu, sieht mich nicht mal.
Niemand entdeckt
was in mir steckt.
So gut wär mei' Schmäh!
... ja, alles mei' Schmäh.

Auch ein Dramolett habe ich eigens für unseren Abend geschrieben. Es kam aber nicht zum Vortrag, da wir dafür genau genommen einen Dritten benötigt hätten und uns ohnehin in hundert anderen Blödeleien à deux verloren. Aber ich möchte die Miniatur wenigstens in Schriftform verewigen:

Wie entsteht ein Spielplan?
(Dramolett)

Dramaturg: *(eilfertig)* Herr Intendant, wir brauchen Stücke.
Intendant: *(gelangweilt)* A wos ... Stücke*.
Dramaturg: Ja, Stücke. Mit einer Besetzung.
Intendant: *(noch gelangweilter)* Geh, Besetzung.
Dramaturg: Ich hätte da ein paar Namen.
Intendant: *(schon interessierter)* Ah, Namen.
Dramaturg: Weil sonst die Presse ...
Intendant: *(voller Ekel)* Die Presse!?
Dramaturg: Ich hab nämlich mit der Kassa gesprochen ...
Intendant: *(sehr interessiert)* Kassa!

---

* Das ist natürlich eine Anspielung auf den *Reigen*. ›Ich kann ja dein G'sicht gar net sehn.‹ – ›A wos ... Gsicht.‹ (Anmerkung des Dramaturgen)

Dramaturg:	Also, Herr Intendant, kommen wir bitte zum Spielplan.
Intendant:	*(gähnt)* Spielplan ... *(ins Telefon)* Gehen S', Frau Sommer ..., schicken S' mir doch den Disponenten her.
Dramaturg:	Ich hätte da eine Reihe von sehr vielversprechenden Stücken.
Intendant:	*(wieder genervt)* Stücke ... Stücke, immer nur Stücke, nie was Ganzes. Typisch Dramaturg!
Dramaturg:	*(unbeirrt)* Hier meine Liste.
Disponent:	*(tritt ein. Er kann vom Darsteller des Intendanten übernommen werden, denn der Intendant ist eingeschlafen)* Liste? Hör ich Liste?
Dramaturg:	Genau. Hier: *Ausgerechnet Donnerstag* – eine wirklich witzige Beziehungskomödie, bissl flach, aber sehr temporeich. Dann: *Alle Tage ist kein Sonntag.* *(euphorisch)* Sehr spannende Uraufführung, ein serbisches Volksstück mit religiösen Untertönen, hat der Handke empfohlen ... *(zu sich)* hört mir eh keiner zu. *(wieder laut) Aller Tage Abend* – ein Künstlerdrama über einen Pianisten, der nach einer halbseitigen Lähmung ...
Intendant:	*(erwacht kurz)* Das ist geschmacklos! Denken Sie an die älteren Abonnenten! *(schläft wieder ein)*
Dramaturg:	... okay, die Lähmung kann man weglassen. Also weiter, Momenterl ... ja! Ein Bühnenwestern, originell: *12 Uhr mittags*. Und schließlich *Der Winter unsres Missvergnügens*! *(blickt erwartungsvoll in die Runde, aber niemand kennt das Zitat.)* Shakespeare ... also eine Shakespeare-Bearbeitung, von einem ganz begabten jungen persischen ...

... mit und ohne Nia

Intendant: *(erwacht kurz)* Dass wir nur keine Probleme mit dem Dschihad kriegen! *(schläft wieder ein)*
Disponent: *(konsultiert den Kalender)* Gut, werden wir schauen, wie wir das alles unterbringen. Also wie war das, *ausgerechnet* ... was?
Dramaturg: *Ausgerechnet Donnerstag.*
Disponent: ... von mir aus. Das ist die Komödie, gell, ja? Das spielen wir besser am Wochenende, da haben wir das Komödienpublikum.
Dramaturg: *(notiert)* ... am Wochenende ...
Disponent: Okay, was war das andere? *Alle Tage ist kein* ... hm?
Dramaturg: ... *kein Sonntag.*
Intendant: *(erwacht kurz)* Sonntag ist ein hundsmiserabler Theatertag! *(schläft wieder ein)*
Disponent: Genau! Geht sich auch irgendwie aus. Das war das serbische Dings mit den Untertönen ... sagen wir, das spielen wir täglich außer Mittwoch.
Dramaturg: ... außer Mittwoch.
Disponent: Und das ... wie hat das geheißen? *Man soll den Tag nicht vor dem* ...
Dramaturg: Nein, nein: *Aller Tage Abend.* Rührend, bewegend ... wäre übrigens eine Patzen-Rolle für den Dings ...
Disponent: ... aber der gastiert ja leider unter der Woche. *(Idee)* Aber wir könnten's als Matinee machen, Samstag und Sonntag, 11 Uhr.
Dramaturg: ... 11 Uhr.
Intendant: *(erwacht kurz)* So spät? Ich muss ja mittagessen! Apropos, Kinder, nicht vergessen, wir machen Ende Juni ein paar 22-Uhr-Vorstellungen. Man muss die Helligkeit ausnützen ... *(gähnt)* ... draußen. *(schläft wieder ein)*

Disponent:	Natürlich, 22-Uhr-Vorstellungen. Dafür eignet sich doch eigentlich der Western! Western-Fans sind Nachtschwärmer.
Dramaturg:	... 22 Uhr. Und die Shakespeare-Adaptation?
Disponent:	Welche Shakespeare-Adaptation?
Intendant:	*(erwacht kurz)* Kinder, Ihr denkt's mir überhaupt nicht an unsere Sommerbühne. Was soll ich dort machen? Rosen züchten? *(schläft wieder ein)*
Disponent:	Dann spielen wir doch *das* auf der Sommerbühne. Das Shakespeare-Dings.
Dramaturg:	Is klar. Also, ich hab alles notiert: *Ausgerechnet Donnerstag* am Wochenende, *Alle Tage ist kein Sonntag* außer Mittwoch, *Aller Tage Abend* um 11 Uhr früh. *12 Uhr mittags* um 22 Uhr. Und *Der Winter unsres Missvergnügens* auf der Sommerbühne. Danke, Wiederschaun!
Intendant:	*(zum Disponenten, oder umgekehrt, je nachdem, wer grad schläft)* Warum sind Dramaturgen immer so teppert?

(Blackout)

Dem Publikum ist diese literarische Perle nicht merkbar abgegangen. Es segnete unsere gemeinsame Abendvorstellung und anderntags die Nachmittagsvorstellung mit vollen Häusern. Am zweiten Abend verließen wir – unter Winken, Tanzen und sogar einem angedeuteten Striptease – um halb sieben Uhr die Bühne, wo 90 Minuten später eine ebenso ausverkaufte *Reset*-Vorstellung stattfand. Zwei Mal 600 jubelnde Besucher an einem Tag – das hatte es beim Theatersommer Haag zuvor noch nicht gegeben.

Danke, Nia!

Willkommen im Mistkistl
Autobiografische Splitter und andere Trümmer

Da steht man nun, mit einem fast fertig geschriebenen Buch. Und plötzlich kollern einem noch ein paar Geschichtchen vor die Füße. Was tun damit? Wegschmeißen? Viel zu schade. Also noch ein Kapitel eröffnen, in das Unpassendes hineinpasst.

Von Peter Dusek, der meine ersten Berufsjahre wachsam begleitete, lernte ich so manches. Zum Beispiel, dass man in jedem Buch ein »Mistkistl« vorsehen muss, in dem unverwendete Gedanken Platz oder zumindest ein vorübergehendes Asyl finden, bis sie einem anderen Kapitel zugeteilt werden. Eingedenk dieses Ratschlages habe ich in der Titelüberschrift den farbenfrohen Begriff verewigt – was hingegen niemals Peters Absicht war. Wie wäre es also mit einem gedrängten biografischen Abriss zum Abschluss?

Ur- und Frühgeschichte

Ich war ein überhaupt nicht außerordentliches Kind – obwohl das meine engsten Verwandten naturgemäß anders sahen. Als ich zweieinhalb Jahre alt war, schrieb meine Großmutter in einem Brief:

> Christoph ist ja ein goldiger Fratz, aber sehr anstrengend, abends will er nicht einschlafen, in der Nacht wacht er paarmal auf und am Tag ist er auch mehr als lebhaft, man kann

neben ihm so schwer arbeiten, er stellt immer was an. Neulich hat er mir folgende »Geschichte« erzählt, wir haben sie nämlich aufgeschrieben, weil wir so lachen mussten:
»Es war einmal ein slimmer Bub, der hat Kistof Wagner geheißt. Der hat die Oma aus dem Fenster geworft. Und dann hat er der Lella* das Nackerbatzi abgesnitten. Dann ist der große Löwe gekommt und hat mit der Peitse gepatst. Und dann ist der Fis in Wasser geplumpst. Und dann war er slimm, der Bub, und dann ist die Oma mit dem Kochlöffel gekommt.«
Ihr müßtet noch sein Mienenspiel dabei sehen, die Augen werden immer größer, er erlebt alles mit. Singen tut er für sein Leben gern, er kann auch schon etliche Lieder.

Kaum konnte ich schreiben (dafür, dass ich es noch vor Schuleintritt erlernte, sorgte meine Schwester), notierte ich auf einem Fetzen Papier:

So gut konnte ich wohl doch nicht schreiben, denn die kindlichen Runen sollten »Theater« bedeuten.

Als ich etwas älter war, zwang ich meine gesamte Familie, an einer »Zirkusaufführung« in unserem geräumigen Vorzimmer mitzuwirken beziehungsweise ihr beizuwohnen.

---

* So nannte ich meine Schwester Daniela und nenne sie heute noch so.

Theater hat mich schon fasziniert, bevor ich schreiben konnte. In mir schlummerte einstmals ein großer Zirkusclown. Und das tut er bis heute.

Die Teilnahme am Schultheater verbat mir meine stark ausgeprägte Schüchternheit, von der ich mich erst mit Anfang 20 befreite und auf die Kabarettbühne drängte (einige Textchen, die mir damals passiert sind, habe ich diesem *Schwan* ja bereits an früherer Stelle anvertraut).

Dann kamen das Studium, diverse diffuse Tätigkeiten und zwischendurch ein nicht so weit hergeholtes Pseudonym, das ich aus den Nachnamen meines Vaters (Wagner) und meiner Mutter (Trenkwitz) zusammensetzte.

Und schließlich entdeckte mich der Opernball, dort entdeckten einander Karl Hohenlohe und ich ... und den Rest der Geschichte kennen Sie ja.

Namen sind das ...

Karl Hohenlohe hat's mit Namen. Er hat nicht nur selbst circa sieben Vor- und 22 Zunamen, er freut sich auch redlich, wenn meine paar Namen durcheinandergeschüttelt oder -gerührt werden.

Als bei einem *Dancing Stars*-Finale auf meiner Garderobe »Wange-Trenkwitz« zu lesen stand, war ihm das alsbald eine *Kurier*-Kolumne wert*. Eine weitere *Ges.m.b.H.*-Botschaft setzte es am 19. Februar 2014:

> Kürzlich durfte ich mit Lotte Tobisch und der stv. *Kurier*-Chefredakteurin Martina Salomon auf einer Bühne sitzen und über die Wirkungen des Opernballs referieren. Magister Wagner-Trenkwitz, Urgestein der TV-Übertragung, Opernball-Blumenführer und Raucher, war leider verhindert.
>
> So kam es, dass die Gesprächsleiterin Frau Salomon für eine Sekunde die Konzentration verlor und meinen Kollegen als »Christoph Tagner-Wenkfix« titulierte. Das war neu. Ich habe im Laufe der Jahrhunderte, da man mich an Wagner-Trenkwitz fesselte, schon alle Varianten seines Namens gehört, »Tagner-Wenkfix« war noch nie dabei, aber es gefällt mir.
>
> Ich selbst werde gerne als »Hohenberg«, »Hohenzollern« oder gleich mit »Hubertus« angesprochen,** der 2008 ver-

---

* Siehe *Schwan drüber*, S. 65 f.
** Ich, Tagner-Wenkfix, war einmal dabei, als man meinen Karl unverblümt als »Herrn Habsburg« titulierte. Er war unzufrieden, obwohl das doch eigentlich einen Aufstieg bedeutete.

storbene Unterrichtsminister und Wiener Bürgermeister, Helmut Zilk, wählte gerne die Variante »Herr Hohenberger«. [...]

Die berühmte Schauspielerin O. hat mir erzählt, dass sie sich für eine Rolle die Haare färben ließ und kurz darauf im Billa von einer Dame gestellt wurde. Diese betrachtete sie aufmerksam und sagte dann: »Ich möchte sie jetzt wirklich nicht beleidigen, aber Sie sehen wie die O. aus.« Das ist Tagner-Wenkfix noch nie passiert.

Mir selbst ist das zwar nicht passiert, aber anderen Ähnliches. Der Bariton Hermann Prey wurde in vorgerückten Jahren mit der Frage eines Passanten konfrontiert: »Waren Sie nicht einmal Hermann Prey?«*

Und Hans-Joachim Kulenkampff musste sich von einem Fan, der ihm auf der Straße begegnete, das Kompliment gefallen lassen: »Sie schauen viel besser aus als in Wirklichkeit!«

Kürzlich erzählte Otto Schenk das Zusammentreffen mit einer Dame, die ihn lange eingehend musterte und ihn schließlich ansprach: »Sie schauen jemandem unglaublich ähnlich.«
»Aha, wem denn?«, wollte Schenk wissen.
»Dem Otto Schenk. Wunderbarer Schauspieler. Auch schon tot.«

---

* Kammersänger Prey hat übrigens bei einem Künstlergespräch mit den Freunden der Wiener Staatsoper bekannt, warum er sich nie zu einem Papageno in Wien getraut hatte. »Schuld« daran war Walter Berry, der Prey einem Wienerisch-Blitzkurs unterzog: »Es gibt bei uns ein helles a – wie in *Schaas* – und ein dunkles a – wie in *Oasch*.« Dem Risiko der Verwechslung wollte sich Hermann Prey nicht aussetzen!

Sehr schön ist auch Dolores Schmidingers Begegnung der dritten Art, die nicht unerzählt bleiben darf. Einmal näherte sich eine scheue ältere Dame der Schauspielerin mit den verehrungsvollen Worten: »Frau Schmidinger, Sie san ja mein größter Fan.«

Dolly war geschmeichelt, fühlte sich jedoch gedrängt, die Sache richtigzustellen: »Danke, aber Sie meinen wohl, *Sie* sind *mein* größter Fan.« Darauf die Dame, abwehrend: »Aber naa, mi' kennt ja kaner.«

Aber zurück zu Karis uneigennützigen Forschungsarbeiten. Er leitete mir einen im *Standard* erschienenen Leserbrief weiter, der sich auf eine von Eduard Habsburg moderierte Adelsserie in *Servus TV* bezog und mich – gewissermaßen indirekt – inkludierte. Die originale und totale Kleinschreibung wurde beibehalten:

> … ein habsburger in knallroten hosen, mit zusammengeklemmten knien, die schuhe brav parallel gestellt & hände keusch im schoß gefaltet, mit dem endemisch dämlichen grinsen dieser leute im gesicht; vis-à-vis eine bürgerliche in koketten reitstiefeln, die den unfug für geld mitmacht und in der mitte ein hund, der wahrscheinlich auch ein rassehund ist & hasso von trenkwitz & irgendwas III. heißt; allerdings, wenn dem so sein sollte, auch als einziger nix dafür kann … – obwohl: der arme eduard kann ja auch nix dafür …

Ich bin Weltliteratur

Ein zwielichtiger Rassehund also. Ich trage es mit Fassung, weil mein Name schon in der Weltliteratur in auch nicht viel sympathischerem Zusammenhang vorkommt. Der große Stefan Zweig setzte in seinem Roman *Rausch der Verwandlung* einem mir gleichnamigen Ungustl-Paar ein Denkmal:

> ... im Hotel wohnt jenes schlesische Gutsbesitzerpaar, Herr und Frau von Trenkwitz, die in ihrem Umgang streng auf Feudal und Klasse setzen und mitleidslos alle Bürgerlichen schneiden.

Etwas später wird der schlesische Gutsbesitzer als »der aufgeblasene Trenkwitz« tituliert, und:

> Dieser kalte Laffe Trenkwitz zum Beispiel empfindet es als persönliche Beleidigung, mit jemandem an einem Tisch gesessen zu sein, der nicht von Adel ist und dazu kein Geld hat ...

Und noch ein drittes trauriges Beispiel: 2001 zeigte ORF III den Fernsehfilm *Die Verhaftung des Johann Nepomuk Nestroy* zum 200. Geburtstag des großen Schriftstellers. Nestroy steht darin vor dem großen Schritt vom erfolgreichen Komödianten aus der Vorstadt zum ernst zu nehmenden Burgschauspieler. Zur Uraufführung des *Lumpazivagabundus* hat sich der Burgtheater-Direktor angesagt, Nestroy ist voller angespannter Erwartungen. Während der Aufführung provozieren zwei Geheimpolizisten eine Auseinandersetzung, Nestroy wird verhaftet etc. etc. Und wie, glauben Sie, heißen die beiden widerwärtigen Spione? Tiefenbach und ... richtig, Trenkwitz!

Viel sympathischer schon der deutsch-tschechische Maler und Autor Karel Trinkewitz, der aber mit mir überhaupt nicht verwandt ist (ich hoffe, die anderen Erwähnten auch nicht) und zudem im März 2014 leider verstarb.

Und bevor's zu traurig wird, noch eine schlechte Nachricht: Mein Kürzel erfreut sich auch nicht uneingeschränkter Erfolge. So meldete *Die Presse* am 13. Februar 2010: »CWT muss wertberichtigen«.

In der nachfolgenden Meldung erfuhr man, dass es sich bei »CWT« um einen oberösterreichischen Wasseraufbereiter handelte, dessen Verluste das halbe Grundkapital aufgezehrt hatten. So ein Glück, dass ich nur Witzeaufbereiter bin!

»*Eine Prognose (Dramolett)*«

Anfang 2014 hefteten sich die Verantwortlichen des Maimonides-Zentrums, des Wiener Jüdischen Altersheims, an meine Fersen: Ich müsse dort unbedingt eine Lesung abführen. Mein Freund Ronny Zuckermann riet mir durch die Blume davon ab; die Blume aber nahm die Gestalt eines von ihm selbst verfassten Dramoletts an, dessen Publikation er mir unter folgender Bedingung gestattete: »Ich bitte nur, in guten wie in schlechten Zeiten an deiner Seite stehen zu dürfen, also wenn die Tierschützer mit Farbe werfen (der gequälte *Schwan*!) ebenso wie bei der sicher scheinenden Verleihung eines umkämpften und zweifellos deutschen Literaturpreises, was uns eine Schmähschrift von Günter Grass bescheren wird!«*

Und hier ist das preiswürdige Dramolett. Darin kommen drei Damen vor, es ist aber trotzdem nicht *Die Zauberflöte*. Mich erinnert das Textchen irgendwie an den alten Sinnspruch: »Wenn man Literatur abkocht, bleiben nur Epigrammeln übrig.«

---

* Dieser Teil der Prognose ist leider überholt; Günter Grass schmäht seit dem 13. April 2015 nicht mehr.

Maimonides-Zentrum, später Vormittag, Matinee.
Wagner-Trenkwitz ist brillant, berührend, komisch.
In der 2. Reihe wendet sich eine Dame an ihre Nachbarin:
1. Dame: *(laut)* Ilka?!
2. Dame: *(reagiert nicht)*
1. Dame: *(lauter)* Ilka?!!!
2. Dame: *(gereizt)* Was willst du?
Die beiden Damen beginnen ein lautes Gespräch.
1. Dame: Wer ist das?
2. Dame: Was weiß ich!
1. Dame: Ein netter junger Mann.
2. Dame: Na ja.
1. Dame: Vielleicht der Enkel von Frau Lipschitz?
2. Dame: Die ist auch schon vier Jahre tot.
1. Dame: Aber was redest du. Heute früh war sie beim Frühstück.
2. Dame: *(überlegt. Dann ...)* Das kann nicht sein.
1. Dame: Was kann nicht sein?
2. Dame: Die Lipschitz hatte nur eine Tochter. Und die ist jung gestorben. Bei dieser schrecklichen Sache damals, am Semmering. 1951.
1. Dame: *(überlegt)* Hmmm ...
CWT: Entschuldigen Sie, meine Damen, aber wäre es möglich, dass Sie vielleicht etwas leiser ...
2. Dame: Was sagt er?
1. Dame: Ich versteh kein Wort. Er redet sehr undeutlich.
Unruhe im Publikum.
3. Dame: *(laut)* Pssssst! Ruhe!
1. Dame: Selber psssst. Frechheit. Ich wohne hier und man will mir das Wort verbieten.
2. Dame: Du weißt, wie sie ist.

1. Dame:	Ich rede nicht mit ihr.
CWT:	Meine Damen, ich bitte Sie! Wir wollen doch alle hier nur ...
2. Dame:	Junger Mann, Sie müssen deutlicher sprechen!
1. Dame:	Wer sind Sie eigentlich?!

Wagner-Trenkwitz resigniert.
Der Autor resigniert auch.
Vorhang

Danke, Ronny! Möge diese »Prognose« sich nie bewahrheiten!

André Heller war für eine Viertelstunde ich ...

Eine überwältigende Ehre wurde mir zuteil, als Freund Karl Hohenlohe eine Ehrung erhielt. Im Rahmen eines Festaktes im Bundesministerium für Wirtschaft und Sonstiges wurde Kari mit dem Goldenen Ehrenzeichen für Verdienste um die Republik Österreich ausgezeichnet, also mit jener Pletschn, die er sich seitdem beim Opernball zu tragen weigert (siehe auch Seite 85).

Als er mich von dem Termin informierte, war ich überzeugt, sein nächster Satz müsse sein: »Es wäre mir eine große Freude, wenn du die Laudatio ...«, aber nichts dergleichen erfolgte. Pikiert fragte ich: »Und wer wird der Festredner sein?« Seine Antwort: »Der André Heller.« Also gut, manchmal muss man sich geschlagen geben.

Bundesminister Reinhold Mitterlehner (damals noch nicht Vizekanzler) sprach an, Ausschnitte aus Mozart-*Divertimenti* ertönten. Kari, der *Divertimento* vielleicht für einen Gruß aus der Küche hält, dankte, für seine Verhältnisse sehr gerührt. Und dann war es Zeit für den Auftritt des größten lebenden

Lebenskünstlers, der sich zu aller Überraschung als ... *ich* vorstellte.

»Meine Damen und Herren, ich bin Christoph Wagner-Trenkwitz. Ich habe drei quälende Stunden in der Volksopern-Maske verbracht ...« Da der unzuverlässige Heller sich kurzfristig als verhindert gemeldet hätte, wäre diese Notmaßnahme angezeigt gewesen. »Ich wurde auf dem Weg hierher ein Mal für Arik Brauer und zwei Mal für Michael Haneke gehalten, also glaube ich, dass die Maske sehr gut gelungen sein muss.« Dann fabulierte der falsche CWT alias Meister Heller von meinem unbekannten Zwillingsbruder, dem »Kulturattaché in Pjöngjang, Mirko Wagner-Trenkwitz«, gebrauchte das rare Wort »hybrisgesteuert«, nannte Kari einen »begnadeten Hundling« und hielt öffentlich »alle Dekorationen außer dem Goldenen Vlies für Tand«.

Nun gut, dem Kari blieb der Orden. Aber mir ist eine ebenso nachhaltige Freude geschenkt worden: André Heller war für eine Viertelstunde ich gewesen.

... und eines Tages war ich Rudolph Reisenweber

Den kennen Sie nicht? Nun, es handelt sich um den Oberkellner des Harmonia Gardens Restaurant. Er hat einen preußischen Namen und ebensolche disziplinären Ansprüche an seine Kellnerschaft ...

Läutet schon eine Glocke?

Richtig, es handelt sich um eine Gestalt in dem Musical *Hello, Dolly!*.

Es war gegen elf Uhr an einem milden April-Vormittag, als Previn Moore, der für die Abendvorstellung vorgesehene Rudolph Reisenweber, seine absolute Unpässlichkeit in der Volksoper meldete. Mein Fehler war, dass ich daraufhin in der Regiekanzlei ein besonders intensives *Hello, Dolly …!* anstimmte – denn ja, Rudi hat ein paar Takte des Titelsongs beizutragen. Wenig später, ich hatte mich in mein Büro zurückgezogen, um – ich gestehe es frei – dieses Buch zu schreiben, erschien mein Direktor (und abendlicher Hauptdarsteller) Robert Meyer mit einem entschlossen-schelmischen Gesichtsausdruck (das kann Robert gut!) in meiner Tür: »Du spielst doch gern Theater …?«

Natürlich sagte ich Ja, und der Tag nahm einen vollkommen anderen Verlauf, als ich noch beim Frühstück gedacht hatte. Eine Mitarbeiterin des Notenarchivs brachte mir Textbuch und die Noten zu *dem* Song. Mit der liebevoll-strengen Regieassistentin Karin Schynol paukte ich anschließend vor dem Video der Aufführung Sätze, Gänge, Gesten – es handelte sich immerhin um eine Inszenierung von Josef Ernst Köpplinger, also ein Uhrwerk aus kleinen, aber umso wichtigeren Elementen. Hier ein Klatschen, dort ein »Oja« als unmittelbare Reaktion auf ein »Haptschi« am anderen Ende der Bühne …

Um die Sache ausdrücklich nicht als künstlerische, sondern als Notlösung zu deklarieren, verzichtete man darauf, meinen Namen auf Plakat oder Abendzettel zu nennen. Immerhin dokumentierte ein »Rollenauftrag« – gegeben um 13.30 Uhr für denselben Abend! – und ein Besetzungs-Änderungs-Formular mein Husarenstück. Eine ziemlich lieblose Ansage vor der Vorstellung verkündete, der eine (Moore) sei krank und der andere (Wagner-Trenkwitz) – vielleicht einmaliger Weise – da. In der Maske erhielt ich indessen Mittelscheitel und aufgemaltes Bärtchen, bis ich aussah wie eine Kreuzung zwischen Hercule Poirot und Zorro in Rente … und dann auf die Bühne!

Alsbald durfte ich zu meinem Direktor öffentlich »Provinzbanause« sagen – und das nicht nur straflos, sondern von Lachern belohnt – und Sigrid Hauser mit einigen Takten des Titelsongs, eben *Hello, Dolly,* anschnurren. Meine Bibel bei jenem einmaligen Auftritt war die Speisekarte des Harmonia Gardens Restaurant, dessen Oberkellner ich ja darstellte. Drin waren natürlich keine Empfehlungen des Küchenchefs, sondern meine Gänge und Textzeilen vermerkt.

Nach Ende der Veranstaltung war ich so erschöpft von meinem Mut, dass ich mich nur mehr an meinen Schreibtisch zurücksehnte, um … dieses Buch zu schreiben!

PS: Tags darauf, an demselben Schreibtisch, erhielt ich eine Zuschrift, die folgendermaßen adressiert war und meinen Zustand hinlänglich beschrieb:

```
Volksopfer
Mag. Christoph Wagner-Trenkwitz
Währinger Straße 78
A 1090 Wien
```

PPS: Der Tenor Carsten Süss erhielt ein Schreiben an die Volksoper, auf dem der Name des Institutes zwar korrekt buchstabiert, die Straße allerdings reizvoll abgewandelt war:

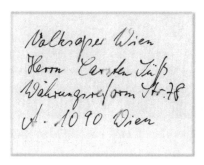

»Lufthoheit«

Kehren wir noch ein letztes Mal beim allseits bekannten Hohenlohe ein. Kari besucht meine Shows ja äußerst sporadisch – er lebt in ständiger Panik davor, mit dem Genre Operette konfrontiert zu werden, und vermutet, bei mir gehe es immer nur darum –, lädt mich aber immerhin gelegentlich zu eigenen Veranstaltungen ein, zum Beispiel zur feierlichen Verleihung des Titels *Barmann des Jahres*.

Natürlich wurde dieser nicht an mich verliehen, aber mir hatte *Gault Millau*-Chef Hohenlohe eine wichtige Funktion dabei zugedacht. Ich war Juror und durfte mich als Showeinlage im Flaschenjonglieren üben. Kritisch beäugt vom Meister in dieser Disziplin, dem Showbarkeeper Martin Schlamberger, bla-

Nicht jonglieren können und auch noch blöd dreinschauen ist eindeutig zu wenig.

mierte ich mich zur Freude der Anwesenden doppelt, indem ich zwar überhaupt nicht jonglieren konnte, aber dafür ein saublödes Gesicht machte. Die Gesellschaftsreporterin Nina Ellend identifizierte mich sofort: »Mr. Bean als Barkeeper!«

Und Kari entlockte mir zwischendurch ein intimes Geheimnis, das er in einer Kolumne unter dem Titel *Langer Atem* outete:

> Oft habe ich mich gefragt, woher das Agile, der Fleiß, die Atemlosigkeit von Herrn Magister Wagner-Trenkwitz kommt.
> Kürzlich sah man ihn den *Österreichischen Musiktheaterpreis* verleihen, er schreibt gleichzeitig an mehreren Büchern, wirkt an der Volksoper als Dramaturg derselben, ist frischgebackener Intendant des Theatersommers in Haag und war gerade Juror bei der Wahl zum *Barmann des Jahres*.
> Wie jeder Arbeit näherte sich Wagner-Trenkwitz auch dieser Aufgabe mit großem Ernst und noch größerer Akribie. Während die anderen Jurymitglieder an den herrlichen Mischungen nippten, konnte sich Mag. Wagner-Trenkwitz immer erst nach einigen Schlucken für seinen Favoriten entscheiden. Als der Abend für ihn schon lang wurde, also gegen halb acht, glänzten seine Augen, und plötzlich quoll es aus ihm hervor. Frei von der – in diesem Moment leicht lädierten – Leber weg gestand Wagner-Trenkwitz, in jungen Jahren den Hang zum Barkeeper-Beruf gehabt zu haben, die Mischung von Flüssigkeiten habe ihn ungeheuer fasziniert. Dann gestand er eine Ersatzhandlung.
> Noch heute würde er allmorgendlich die verschiedensten Atemwässerchen, also Odol, Listerine, Meridol, Plax Magic

und wie sie alle heißen, durcheinandermengen und wäre sehr glücklich dabei.

Das von mir eingangs beschriebene Mysterium bezüglich der Atemlosigkeit von Herrn Mag. Wagner-Trenkwitz, der nunmehr ausschließlich als »Seine Lufthoheit« anzusprechen ist, scheint überraschend geklärt.

Wozu braucht der Mensch ein Hobby?

Ein »Hobby« (der Russe nennt es wohl »Chobby«) zu haben, erachtete ich immer als Zeitverschwendung. Andererseits ertappe ich mich immer wieder bei einem solchen, das ein scharfes Auge und eine Portion Schadenfreude braucht – nennen wir es »Fehler finden«. Natürlich finde ich diese nie bei mir (obwohl sie in reicher Fülle ins Auge springen, zum Beispiel in diesem Buch), sondern nur anderswo. Ich lese dann mit Freuden Menühinweise wie »Gemüseragaut mit Teigwaren« oder Verkaufsempfehlungen wie die hier abgebildeten:

Apropos Tisch: Wiener Kellner (wir nennen sie »Ober«) sind nicht nur ein eigener Menschenschlag, sie befleißigen sich auch zumeist einer speziellen Kürzelsprache. Einmal saß ich im Restaurant Leupold, wartete schon längere Zeit auf die bestellte Entenbrust, und meine flehentlichen Blicke quittierte der stets vollbepackt vorbeieilende Ober mehrmals mit freundlichem Nicken, Zwinkern und Achselzucken.

Schließlich entschloss ich mich, ihn anzusprechen, und mein Magenknurren tönte gewiss schon lauter als meine Stimme: »Dürfte ich bitte dann ...«

Worauf der Kollege einen Moment lang verharrte und mir diese muteinflößenden Worte zutrompetete: »Brust – a bisserl noch!«

Apropos Brust: In jungen Jahren (ich nenne sie meine »späte Kindheit«, die ich erst mit 40 plus restlos überwunden habe) pflegte ich sehr wohl ein Hobby: das Flirten. Gutaussehende Frauen kamen dann zu mir wie die sprichwörtlichen Jungfrauen zum Kinde. (Gott sei Dank blieb es beim Sprichwörtlichen und es wurden keine echten Kinder daraus.) Genaugenommen kam ich zu ihnen und ergoss meinen verbalen Charme über sie, ohne mich darum zu kümmern, ob sie das auch goutierten.

Mit meinem Freund Martin Benning in den frühen 1980er-Jahren auf Italien-Tour, machte ich bei einem toskanischen Volksfest zwei blonde junge Damen aus, die ich mit meinen Flirtationen beschenkte. Als ich die eine frug, was denn ihre Nationalität sei, antwortete sie zögerlich: »Finnish«.

Ich wandte mich an Martin und jubelte: »Hast du gehört, sie ist aus Finnland.«

Worauf dieser unerschüttert erwiderte: »Sie hat gemeint, du sollst aufhören.«

Nun bin ich schon seit geraumer Zeit glücklich verheiratet und zuversichtlich, dass es mir nicht einmal so ergeht, wie dem Herrn, welcher der *Nassauischen Neuen Presse* eine Schlagzeile wert war:

Seniorin tötet und zerteilt Ehemann
Das Rentnerpaar galt als unzertrennlich.

Verfrühtes Schlusswort ...

Damit ich nicht in Versuchung gerate, zum Buch-Finale Lebensweisheiten zu propagieren, gebe ich weiter an drei Herren und propagiere dadurch indirekt doch noch ein paar Lebensweisheiten. Elegant, was?

Zuerst geht das Wort an Michael Heltau, der seinerseits den Regisseur Giorgio Strehler zitierte: »Man braucht die Feinde, sonst werden die Freunde müde.«

Mit 50 plus darf man schon ein paar Feinde besitzen, ja, es wäre fast beschämend, wenn sich keine angesammelt hätten. Ich träumte unlängst in der wohlverdienten Wochenend-Siesta, eine Horde bunt gekleideter Herren wollte mich verprügeln. Ich weiß nicht, was mich mehr erschreckte: die Aussicht auf Körperverletzung oder die geschmacklose Kleidung.

Gott sei Dank rief meine Frau an (»in echt«, wie man das neuerdings nennt) und verscheuchte den Schlaf samt den Widersachern. So rettet sie mir regelmäßig das Leben, auch in echt. Danke. Und darum ein Gedichtchen von mir für dich:

Andere müssen am Abend fernsehn,
während wir zwei den Abendstern sehn.

Der zweite Herr ist mir zwar nicht persönlich, aber uns allen aus den Medien bekannt. Frank Stronach äußerte kürzlich in einem TV-Sommergespräch: »Frauen sind Menschen wie wir.«

Ich habe keine Ahnung, was dieser faszinierende Satz bedeuten soll, gebe ihn aber hiemit an Sie zur Meditation weiter.

Und der Dritte, der nun sprechen soll, ist weder ein geübter Bühnenredner wie Heltau noch ein Milliardär wie Stronach, aber dafür einer der besten Winzer Österreichs. Mein Freund Bert Salomon erlebte die folgende Geschichte im Taxi.

Es wird ja nach wie vor behauptet, die Wiener Taxilenker hätten so unglaublich viel Ahnung von der Staatsoper, und während sie jemanden dorthin chauffierten, entpuppten sie sich als heimliche Direktoren mit Spielplan- und Organisationsideen.

Wenn dieses Stereotyp jemals gestimmt haben sollte, dann ist das schon lange her. Der Anteil der Kulturinteressierten in der Taxler-Gilde wird wohl genauso hoch sein wie in der Gesamtbevölkerung, also im einstelligen Prozentbereich. Aber man begegnet regelmäßig originellen oder schrägen Typen am Taxi-Volant, und so erging es auch Bert Salomon. Er bekam es mit einem Weltverbesserer zu tun, der mit seinem Fahrgast anzufangen gedachte. Wie schlimm die moderne Welt doch sei, Stress, Burnout, Kommunikationswahn etc., und wo denn den Herrn der Schuh besonders drücke?

Bert antwortete knapp und klar, wie ein griechischer Philosoph, der nebenbei eine Bienenzucht betreibt: »Tut mir leid, ich bin glücklich.«

Diesen Satz erkläre ich hiermit feierlich zu meinem Schlusswort, muss mir aber gleich widersprechen. Es gilt ja noch, das nicht von mir verfasste Nachwort einzumoderieren.

... und ein Vorwort zum Nachwort

Dann kam der 15. Mai 2014. Dieses Datum bedeutet Ihnen nichts? Trösten Sie sich: Dem Laudator, der den besonderen Anlass an diesem besonderen Tage zu veredeln hatte, auch nicht. (Dass an einem 15. Mai der Österreichische Staatsvertrag unterzeichnet worden war, galt ihm offenbar als zu minder.) Es war der Tag der Verleihung meines Verdienstzeichens für Verdienste um das Land Wien.

Ich dachte an Hugo Wieners unvergängliche Humoreske *Ich habe eine Auszeichnung bekommen*, in der er beschließt, auf den Opernball zu gehen: »Auf den Nobel-FKK-Strand, wo man sich ohne Auszeichnung nackt fühlt, und wo man sich auch mit nur einer Auszeichnung nicht ins Wasser wagen darf, weil man glatt untergehen würde.« Für Professor Wiener war es nämlich schon der dritte Orden, aber so lange musste ich nicht warten, um den Opernball alle Jahre dienstlich zu besuchen. Einen wichtigen Hinweis zu meiner Ehrung gab mir übrigens mein Freund Franz-Leo Popp schriftlich: »In Ihren Bezügen tritt keine Änderung ein.«

Der erwähnte Laudator war – wie Sie dem *Löblichen Nachwort* zu diesem von Eigenlob ohnehin schon strotzenden Band entnehmen können – Michael Niavarani. Die Feier im Wappensaal des Wiener Rathauses sollte um 11 Uhr beginnen. Der Wappensaal ist nicht nur mit den gleichnamigen schildförmigen Zeichen geschmückt, sondern auch mit großformatigen Gemälden von Wiener Bürgermeistern. Angesichts des frühkubistisch anmutenden Ganzkörper-Konterfeis von Helmut Zilk sprach Nia, später an jenem Vormittag, die Worte: »Für alle Bilder haben s' Maler engagiert, nur das vom Zilk hat die Dagmar Koller g'macht.«

Aber noch war es früher am Vormittag, und der Kabarettstar erschien … nicht. Nia hat die Pünktlichkeit nicht erfunden, im Gegenteil: Er schafft es grundsätzlich, alle warten zu lassen. Während wir dies im Wappensaal des Rathauses taten, verständigte er mich telefonisch, er sei »schon im Taxi« (das grenzt an eine gefährliche Drohung, denn kein Mensch weiß je, wann dieses Taxi wo losgefahren ist und in welche Richtung), wir könnten zur Not aber auch seine Laudatio via lautgestelltem Handy abrufen. Natürlich warteten wir weiter und konnten Nia, kaum war er erschienen, nicht mehr böse sein.

Später rechtfertigte er sich (vor den *Seitenblicken*) in unnachahmlicher Weise: »Der Grund für meine Verspätung war: Ich habe mich verspätet. Es war ein zeitliches Problem.«

Gemeinsam mit mir wurde Simpl-Chef Albert Schmidleitner (»Er ist uneitel bis zur Schmerzgrenze«, betonte mein Lieblings-Stadtrat und ehemaliger Schulsprecher Andreas Mailath-Pokorny in seiner Rede) geehrt. Ich hob in meiner Dankesrede die schönen Männer hervor, die in meinem Leben eine Rolle spielten – es war die Zeit, in der Österreich im Rausche des soeben von Herrn Conchita Wurst gewonnenen *European Song Contest* taumelte. Ich dankte meinem schönen Vater, der mir geraten hatte, »nichts Vernünftiges« zu machen (vor allem, nicht Medizin zu studieren wie er), sondern etwas, das Spaß macht, entsann mich der Schönheiten Andi Mailath, Viktor Gernot und Michael Niavarani bis hin zu Marcel Prawy und Ioan Holender, der mit seiner Schönheit alles überschattet hatte, erwähnte auch Karl Hohenlohe, dem man seine 700-jährige Familiengeschichte nicht ansieht und der meine »Lieblingsblondine« sei.

Zuvor aber hatte mein Lieblingsperser vor dem Rednerpult Aufstellung genommen und sprach die auf den folgenden Seiten folgenden folgenreichen Worte ...*

---

* Natürlich ersuchte ich Nia artig um Erlaubnis, ob ich den Text verwenden darf. Er sagte freudig zu und vergaß es wieder. Knapp vor Drucklegung dieses Buches fragte er mich: »Hab ich da nicht ein Vorwort geschrieben?« Ich antwortete: »Nein, ein Nachwort.« – »A ja richtig«, entsann er sich, »es ist das Nachwort geworden, weil ich's so spät abgegeben hab!«

Ein löbliches Nachwort*

von Michael Niavarani

Einen wunderschönen guten Morgen, meine sehr verehrten Damen und Herren, lieber Albert, lieber Christoph.

Wie ihr beide sicherlich der Einladung entnommen habt, verleiht man euch heute das Goldene Verdienstzeichen des Landes Wien. Und es ist mir eine besondere Ehre, für euch beide die Laudationes zu halten.

Laudationes ist keine spanische Wurst, sondern – wie mir Christoph Wagner-Trenkwitz vor einer Woche im Kaffeehaus erklärt hat – der Plural von Laudatio. Danke Christoph!

Laudatio ist Latein und heißt auf Deutsch: »Wir fragen wen, ob er was sagt, weil wir was kriegen, wo mer nicht wissen, warum.« Man kann es auch kurz mit »Lobhudelei« übersetzen. Ich werde euch also jetzt gehörig das Lob hudeln, meine lieben Freunde. Ich kann die anwesenden Gäste beruhigen, das Wort »hudeln« zeigt schon, dass es nicht allzu lange dauern wird.

Ich habe mich auf den heutigen Tag sehr gewissenhaft vorbereitet und mich auf *Wikipedia* gebildet, was eure heutige Auszeichnung betrifft. Das Goldene Verdienstzeichen des Landes Wien ist nicht irgendeine »Pletschn«, nein, es ist etwas ganz Besonderes, denn diese Auszeichnung haben vor euch insgesamt nur 162 Personen bekommen. Und, meine Freunde, ihr bekommt diese Auszeichnung an einem 15. Mai, einem der unbedeutends-

---

* Laudatio für Albert Schmidleitner & Christoph Wagner-Trenkwitz, gehalten am 15. Mai 2014 im Wiener Rathaus

ten Tage in der Geschichte der Menschheit. An diesem Tag ist in 2000 Jahren nicht wirklich was passiert, zumindest nicht auf *Wikipedia*. So wird also der heutige Ehrentag von Albert Schmidleitner und Mag. Christoph Wagner-Trenkwitz sicherlich in die Geschichte eingehen, und zwar, sobald ich den Eintrag auf *Wikipedia* ergänzt habe.

Ein bedeutendes historisches Ereignis allerdings könnte das eure in den Schatten stellen – es tut mir leid, aber ich muss es erwähnen: Am 15. Mai 1928 waren zwei der größten Persönlichkeiten Amerikas zum ersten Mal gemeinsam auf der Kinoleinwand zu sehen: Mickey Maus und Minnie Maus.

Und so, wie die ganze Welt Mickey und Minnie liebt, so sehr liebe ich euch. Die beiden sind nämlich, meine Damen und Herren, was viele Menschen in Österreich nicht wissen, meine zwei besten Freunde. Und ich ersuche Sie, das nicht dem Viktor Gernot weiterzusagen. Ja, ich möchte sogar sagen, diese beiden sind meine einzigen wirklichen Freunde – woran man schon sieht, was ich für ein trauriges Leben habe.

Lieber Mickey, liebe Minnie! Ihr könnt euch aussuchen, wer welcher ist. Könnt ihr euch noch erinnern, wie wir uns das erste Mal begegnet sind?

Ja!?!

Ich nicht.

Ich muss sagen, dass wir uns wirklich schon sehr lange kennen. Es ist so lange her, dass wir drei wahrscheinlich nicht mehr so genau wissen, wann das war – aber eines ist sicher, wenn ihr euch daran erinnern könnt, dass wir gemeinsam in der Sandkiste gespielt haben, dann verwechselt ihr mich mit jemand anderem. Wir haben, könnte man sagen, unser ganzes bisheriges Leben miteinander verbracht. Als Christoph und ich uns kennengelernt haben, war ich 16 Jahre alt, Albert Schmidleitner trat in meinem

Nia umfängt die glücklichen Geehrten, rechts freut sich unmerklich Albert Schmidleitner.

21. Lebensjahr in mein Leben. Und doch kommt mir unser Kennenlernen vor, als ob es gestern gewesen wäre. Und ihr wisst, was gestern für ein schiacher Tag war.

Dass man euch beiden heute das Goldene Verdienstzeichen des Landes Wien überreicht, erfüllt mich ... mit tiefer Ratlosigkeit. Es ist nämlich ein Verdienstzeichen – also habt ihr es euch verdient. Ehre ist es keine, sonst wäre es ja ein Ehrenzeichen. Meine geliebten Freunde, ich habe mich wochenlang gefragt: Womit um alles in der Welt habt ihr euch diese Auszeichnung verdient? Und ich will wirklich nicht die ganze Zeit nur von mir reden, aber ich glaube, man hat euch diese Auszeichnung zuteilwerden lassen, weil ihr mich entdeckt habt. Ohne Albert Schmidleitner und Christoph Wagner-Trenkwitz gäbe es keinen Michael Niavarani.

Christoph Wagner-Trenkwitz ist vor mittlerweile gefühlten 100 Jahren zu einer Schulaufführung von mir gekommen und hat mich für das Theater entdeckt. Ich habe Jahrzehnte lang gedacht, dass er dort hingegangen ist, um diesen talentierten jungen Schüler zu sehen, von dem schon alle reden. Die Wahrheit ist allerdings, dass er die Abendbegleitung einer sehr hübschen Dame war, die diese Aufführung ihrer Schwester wegen besucht hatte. Eine junge Dame, die er von der Bettkante stoßen wollte – und zwar hinein, was ihm zu meiner großen Freude nicht gelungen ist.

Albert Schmidleitner hingegen hat mich in schon etwas ausgereifterem Zustand gesehen, nämlich als Kleindarsteller im Kabarett Simpl. Und es war der Albert (oder, wie wir ihn nennen: »Daalbert«), der dem damaligen Simpl-Chef Martin Flossmann mich als Nachfolger vorgeschlagen hat. Und als wir im Sommer 1993 unsere erste Besprechung für die neue Saison hatten, habe ich an Albert Schmidleitners Tür geläutet, und dieser Mann hat mir – es hatte damals 36 Grad – in Unterhosen geöffnet. Dieser Anblick wird mir unvergesslich bleiben.

So. Jetzt habe ich aber wirklich genug über mich geredet. Meine Damen und Herren, diese zwei wunderbaren Freunde haben sich diese Auszeichnung wirklich verdient.

Christoph Wagner-Trenkwitz ist einer der witzigsten, charmantesten und begabtesten Menschen, die ich kenne. Er versteht was vom Theater, von der Oper, von der Musik, er kann Bücher schreiben, er kann moderieren, er kann theaterspielen, er kann Kabarett-Texte schreiben, er kann singen, nicht besonders gut, aber er kann es. Und – ich weiß, ich wollte nicht von mir reden, aber ich muss es sagen: Mich bringt niemand so zum Lachen wie du! Du bist eigentlich viel lustiger als ich. Gott sei Dank hast du mit dem Kabarett aufgehört.

Albert Schmidleitner ist die Seele des Kabarett Simpl. Er hat eine amerikanische Karriere hingelegt. Begonnen hat er als Kulissenschieber im Simpl, und jetzt ist er Direktor von zwei renommierten Kabarettbühnen, dem Simpl und dem Vindobona. Daalbert, meine Damen und Herren, liebt das Kabarett wie kein Zweiter. Er hat – und da muss man erst einmal einen Chef finden, der das macht – eine Stunde vor der Premiere eines Programms, weil alles im Chaos versunken ist und Not am Mann war, einen Besen genommen und die Bühne zusammengekehrt, weil alle anderen seiner Angestellten, inklusive mir, gerade beschäftigt waren. Er ist ein wahrer Produzent, der weiß, was er an seinen Künstlern hat, und der weiß, dass es nur eine einzige Instanz gibt, der wir verpflichtet sind: das Publikum.

Christoph Wagner-Trenkwitz hat einmal etwas sehr Bedeutsames zu mir gesagt. Ich war sehr verzweifelt und mit mir unzufrieden und sagte zu ihm: »Christoph, ich möchte mich künstlerisch weiterentwickeln. Ich mach immer nur dasselbe. Ich möchte einmal im Theater etwas machen, was ich noch nie gemacht habe!« Worauf er gesagt hat: »Dann nimm dir einen Besen und kehr die Bühne zusammen!«

Darauf ich: »Bin i Daalbert?«

Meine Damen und Herren – ich könnte noch stundenlang Anekdoten und Geschichten über die beiden erzählen, aber warum sollte ich das – ich krieg heute ja nichts bezahlt!

Albert, Christoph! Ich liebe euch! Ihr seid großartig! Und ihr habt mit eurer Arbeit und Karriere vielen Menschen sehr viel

Freude bereitet! Ich freu mich, dass ihr diese Auszeichnung bekommt – ihr habt euch nichts Besseres verdient!

Ach ja – und noch etwas. Der ORF hat mich gebeten, den nächsten österreichischen Song-Contest-Teilnehmer bekannt zu geben. Alf Poier! Er wird – auch wenn er es unappetitlich findet – wie Conchita Wurst mit Bart und in Frauenkleidern nächstes Jahr für Österreich starten. Und zwar unter dem Namen: Gonzales Krakauer!

Danke!

Namenregister

Kursive Ziffern verweisen auf Abbildungen

Alighieri, Dante 18
Altenberg, Peter 124f.
André-Bättig, Kerstin 26
Arnbom, Marie-Theres 124
Assinger, Armin 87f., 90f.
Atkinson, Rowan 34

Bach, Johann Sebastian 224
Bacher, Gerd 212f.
Bachler, Klaus 22
Balser, Ewald 46f.
Baltsa, Agnes 61
Barnum, Phineas Taylor (P. T.) 131ff.
Bartók, Béla 25
Bauer, Leo Maria 214
Begin, Menachem 212
Beimpold, Ulrike 93
Benatzky, Ralph 38
Benning, Martin 193, 275
Berg, Armin 9, 121

Berger, Helmut 82
Berlinguer, Enrico 77
Bernhard, Thomas 205
Bernstein, Leonard 50
Berry, Walter 20, 263
Blau, Peter 193
Blecha, Karl 184
Bloéb, Gregor 229
Böhmer, Wolfgang 150, 160, 173
Borkowski, Rasmus 149
Brachetka, Felix 42
Brandauer, Klaus Maria 198
Brauer, Arik 204, 269
Brendel, Alfred 19
Brendel, Wolfgang 18
Brunner, Reinhold 141, 141
Bubendorfer, Thomas 194
Bülow, Vicco von (siehe Loriot)
Bunyan, John 7
Burton, Tim 49

Busch, Klaus 151, 154, 160f., 173

Caballé, Montserrat 62
Campbell, Naomi 83
Canalis, Elisabetta 76f.
Carrière, Mathieu 44
Carsen, Robert 37
Caruso, Enrico 225
Cavalli, Francesco 203
Cerha, Friedrich 47f., 48
Cerny, Stefan 108
Charles, Prince of Wales 92, 195f., 203
Chmelar, Dieter 34, 35
Claudius, Matthias 66
Clooney, George 76f.
Connery, Sean 198
Cooper, Gary 188
Copland, Aaron 224
Corti, Axel 199
Cruise, Tom 252

Dallinger, Alfred 184
Dalpra, Mario 84
Decker, Franz-Paul 56
Decker, Willy 36
Depp, Johnny 49, 65, 89
Dermota, Anton 62
Di Sapia, Marco 234
Dijkema, Michiel 38, 150, 152, 154, 164, 166f
Dobiaß, Johann 57f.
Doll, Jörg 66
Domingo, Plácido 63, 204
Donizetti, Gaetano 56
Dorfer, Alfred 178
Drimmel, Heinrich 61
Drobetz, Hannes 141
Dumas, Alexandre 59
Dunn, Harold 223
Dürer, Albrecht 188
Düringer, Roland 178, 254
Dusek, Peter 19, 32f., 259
Dusika, Franz 204
Dvorak, Felix 219

Ebinger, Johann 97
Eckstein, Detlev 41
Eder, Boris 60, *231*, 234
Ellend, Nina 273
Ellers, Josef 242
Ender, Stefan 126, 136
Essl, Karlheinz 204

Fälbl, Christoph 93
Fallersleben, August Heinrich Hoffmann von 114
Farkas, Karl 14f., 244, 248
Fast, Franziska 203
Felsinger, Benedikt 102, *103*
Fendrich, Rainhard 164
Ferlic, Ruth 141
Fischer, Heinz 72
Fischer, Ottfried 72
Fischer-Dieskau, Mathias 42
Fleischhacker, Stefan 123, 136
Fleming, Kirsten 193
Flimm, Jürgen 31
Flossmann, Martin 284
Forster, Josef 242
Frankl, Roman 239f., *241*
Franziskus von Assisi 50, 239
Frischenschlager, Friedhelm 182f.

Gächter, Sven 84
Ganser, Marcus 230f., 234
Gernot, Viktor 93, 239, 252, 254, 279, 282
Geyer, Roland 22, 125
Giehse, Therese 136
Gier, Albert 152
Gigli, Beniamino 18
Ginzkey, Franz Karl 124
Girardi, Sulie 171
Glööckler, Harald 73f.
Gorbatschow, Michail 195
Gott, Karel 137
Grass, Günter 256
Gratz, Leopold 182
Greindl, Josef 62
Grillparzer, Franz 86
Grissemann, Christoph 84, 254
Groebner, Severin 82
Gröhs, Wolfgang 57
Groll, Florentin 235f.
Grundner, Michael 230
Grümm, Hans 5, 106, 110, 112
Grümm, Hans-Richard 5, 110, 112, 118
Grünbaum, Fritz 124, 140, 199, 248

Habsburg-Lothringen, Eduard 264

Namenregister

Hackenschmidt, Georg 144f.
Hader, Josef 178, 254
Hagg, Nicolaus 214, 247
Haider, Alfons 15, 74, 80
Haider, Jörg 216f., 219
Halévy, Jacques 158, 174
Halffter, Christóbal 203
Händel, Georg Friedrich 224
Handke, Peter 256
Händler, Andrea 178
Haneke, Michael 269
Hansen, Theophil von 189
Hanussen, Erik Jan 198
Hartmann, Matthias 60
Häupl, Michael 73
Hauser, Sigrid *10*, 271
Heidenreich, Elke 148, *149*
Heisenberg, Werner 116
Heller, André 219, 268f.
Heltau, Michael 276f.
Henning, Rupert 247
Herz-Kestranek, Miguel 106
Herzmanovsky-Orlando, Fritz von 75, 229, 236
Hesse, Elke 177
Hilsdorf, Dietrich 39
Hilton, Paris 150
Hindemith, Paul 131
Hirano, Yasushi *147*
Hochstraate, Lutz 43
Hoffmann, Josef 142
Hohenlohe, Karl 5, 11f., 65f., 68, 70, *71*, 72, 74, 76f., 79, 81, 83ff., 86, 91f., 97ff., 100ff., *103*, 238, 261f., 268, 272f., 279
Hohenlohe, Martina 71, 85, 101
Holender, Alina 23f.
Holender, Ioan 20, *21*, 22f., 24, 57, 72, 82, 149, 213, 232, 251, 279
Holender, Liviu 24
Hollreiser, Heinrich 63
Horak, Cornelia *231*, 234
Hotter, Hans 203
Hromada, Heinz 16
Huber, Liselotte 68
Hummer, Corvin 13

Ibsen, Henrik 25
Inbal, Eliahu 19
Ingrisch, Lotte 142

John, Rudolf 93
Jolson, Al 127
Jürgens, Curd 98
Jürgens, Udo 197
Jurmann, Walter 146
Jusits, Rudolf 40

Kahlo, Frida 127
Kambyses I., König von Altpersien 126
Kant, Immanuel 219
Karajan, Herbert von *61*
Kardashian, Kim 76f., 79, 85
Karl, Elfriede 182
Kessler, Alice 12, 31
Kessler, Ellen 12, 31
Kirchner, Ignaz 205
Kirchschlager, Angelika 28, *29*, 30
Kirchschläger, Rudolf 183
Kirschner, Josef »Joki« 219
Klebel-Vock, Barbara 140
Klein, Oscar 41
Klimt, Gustav 142
Klopstock, Friedrich Gottlieb 34
Kohl, Helmut 203
Koller, Dagmar 279
Köpplinger, Josef Ernst 31, 240, 270
Kosky, Barrie 159
Krainhöfner, Elke (siehe Hesse, Elke)

Namenregister

Kraus, Alfredo 56
Kraus, Karl 158, 212
Kreisky, Bruno 183
Kreisler, Georg 185
Krenek, Ernst 28
Krug, Manfred 93, 204
Krüger, Mike 166
Krum, Friederike 63
Kuchinka, Alexander 232, 234, 236, 239
Kuh, Anton 203
Kulenkampff, Hans-Joachim 263
Kunz, Erich 62
Kupfer, Harry 40

La Fontaine, Jean de 128
Lackner, Christian 203
Ladstätter, Christoph 28, *147*, 166
Lafontaine, Oskar 128
Lainer, Günther 254
Láng, Andreas 23
Láng, Oliver 23
Laszky, Béla 124
Laubner, Sepp 96
Leoncavallo, Ruggiero 224
Leuenberger, Judith 39
Lewin, Michael 61
Lichter, Marika 92f., 138

Liewehr, Fred 41, 158, 251
Linné, Carl von 73
Lipp, Wilma 62
Löbl, Karl 23
Löffler, Sigrid 204
Lollobrigida, Gina 74
Löns, Hermann 144
Loriot 104
Löschnak, Franz 215
Ludwig, Siegfried 182
Luftensteiner, Josef 42
Lugner, Richard 66, 76, 78, 85

Madonna 217, 247
Madwar, Sam *230f.*, 232
Mailath-Pokorny, Andreas 279
Mamedof, Matthias 242
Martikke, Sigrid 54, 56
Massenet, Jules 34, 38
Mayrhofer, Franz 40f.
Meilhac, Henri 158, 174
Meischberger, Walter 109
Melzer, Caroline 154, 169, *171*
Mendt, Marianne 93
Meneghini-Callas, Maria 33

Meyer, Birgit 28
Meyer, Dominique 24
Meyer, Robert 48f., 59, 167, 270
Meyer, Simon 59f
Mielitz, Christine 13
Mitterer, Felix 229
Mitterlehner, Reinhold 268
Mitterwurzer, Friedrich 46f., 250
Mittler, Franz 106, 111
Mock, Alois 184
Moffo, Anna 51
Mohapp, Michael 240
Moik, Karl 208, 219
Moore, Previn 269f.
Morak, Franz 193
Moretti, Tobias 38
Moss, Kate 83
Mozart, Wolfgang Amadeus 22, 27, 268
Mutzenbacher, Josefine 219

Nessy, Patricia 242
Nestroy, Johann 247f., 265
Netrebko, Anna 22, 37, 154
Niavarani, Michael 3, 78, 93f., 214, *215f.*, *218*, 228, 240, 241, 243ff., 246ff., 249ff.,

– 290 –

252ff., 258, 278ff., 281, 283
Niedermair, Nadja 177
Notz, Peter 38
Novak, Grete 43f.
Novak, Maria 43f.

Obonya, Cornelius 44ff.
Ochsenknecht, Uwe 203
Offenbach, Jacques 150f., 158f., 161, 167, 169, 172, 174
Ofner, Harald 184
Olefirowicz, Joseph R. 49

Palfrader, Robert 88
Panagl, Oswald 25, 40, 42f.
Pantscheff, Ljubomir 62
Papouschek, Helga 170, *171*, 172
Parodi, Christina 77
Parodi, Ritta 77
Partik-Pablé, Helene 184
Patay, Franz 32
Pavarotti, Luciano 32f.
Pernkopf, Stephan *103*
Peymann, Claus 184, 217
Pfeifer, Boris 156

Pfitzner, Ursula, 154
Phettberg, Hermes 81
Pissecker, Wolfgang 41, 242
Poier, Alf 286
Popp, Franz-Leo 33, 278
Porter, Cole 87, 181
Portisch, Hugo 132
Prawy, Marcel 23, 44f., *45*, 69, 81f., 279
Prey, Hermann 263
Prohaska, Daniel 149, *159*, 169
Prokopetz, Joesi 253
Proksch, Udo 197
Pröll, Erwin 102f., *103*
Prüller, Heinz 91
Puccini, Giacomo 204
Purcell, Henry 224

Raab, Rudolf 18f
Raimondi, Ildikó 30
Rapp, Peter 203
Rauch-Kallat, Maria 215
Ravel, Maurice 53
Redford, Robert 198
Redl, Alfred 198
Reinisch, Ricarda 194
Reisenweber, Rudolph 269f.
Reitzinger, Maria 236ff., *241*

Renghofer, Christina 221, 241, 246
Resetarits, Lukas 254
Rett, Barbara 80
Richardson, Jack *216*
Richter, Traute 62
Rilke, Rainer Maria 207f., 214
Rimsky-Korsakov, Nikolai Andrejewitsch 53
Ringel, Erwin 207f.
Ritter, Beate 108
Ritts, Herb 203
Ross, Diana 203
Ross, Karl 120
Rossini, Gioachino 25
Rourke, Mickey 196
Rubinowitz, Tex 96
Ruzicka, Evelyn 234

Saint-Saëns, Camille 136
Sallinger, Rudolf 184
Salomon, Bert 277
Salomon, Martina 262
Sarata, Birgit 12
Schachner, Walter 204
Schäfer, Christine 59
Schausberger, Michaela 234, 242
Schenk, Otto 248, 263
Scheuba, Florian 254
Schifter, Günther 140
Schiller, Jeannine 88

Namenregister

Schlamberger, Martin 272
Schlemmer, Oskar 130f.
Schmidinger, Dolores 264
Schmidleitner, Albert 279, 281ff., *283*, 284f.
Schmidt, Joost 130
Schneider, Ronald 151
Schnitzer, Petra Maria 109
Schodl, Robert 98
Schopenhauer, Arthur 219
Schreiber, Elena 123
Schreibmayer, Kurt *159*
Schubert, Rainer 160
Schüssel, Wolfgang 204
Schwarzenegger, Arnold 194
Schynol, Karin 270
Seiffert, Peter 109
Sekanina, Karl 184
Senger, Gerti 216, 219
Shakespeare, William 205, 223, 256, 258
Sinatra, Frank 253
Sinowatz, Fred 181f., 184
Smetana, Friedrich 60

Sobotka, Werner 240, *241*
Sommer, Helene 55
Sondheim, Stephen 47ff., 50ff., 53f.
Stangl, Karl-Ernst 177
Steger, Norbert 182ff.
Steinböck, Herbert *241*, 242, 254
Stermann, Dirk 84
Stipsits, Thomas 254
Stoehr, Andreas 107
Stolz, Einzi 45
Stangl, I. 177
Strauß, Botho 206
Strauß, Johann 57
Strauss, Richard 56, 132, 203
Streep, Meryl 198
Strehler, Giorgio 276
Streisand, Barbra 53
Strobl, Rudolf 40
Stronach, Frank 277
Süss, Carsten *271*

Tartarotti, Guido 11
Taufstein, Louis 8f.
Teller, Edward 204
Thielemann, Christian 20, 23f.
Thoma, Martin 124, 134f.
Tobisch, Lotte 262
Tolstoi, Leo 10
Tošić, Ljubiša 85
Trampisch, Rupert 176f., *183*, *218*

Travolta, John 212
Treichl-Stürgkh, Desirée 67
Treumann, Carl 159
Trinkewitz, Karel 265
Trotzki, Leo 127
Turrini, Peter 217

Ulreich, Rainer 141
Updike, John 50
Urban, Joseph 140, 242
Ushakova, Natalia 74
Ustinov, Peter 68

Varèse, Edgar 50
Verdi, Giuseppe 37, 54, 59
Vergil 121
Viczina, Dalma 30
Villazón, Rolando 33f., *35*, 36f., *37*, *136*, 154, *155*
Vitásek, Andreas 254

Wacks, Georg 121ff., *122*, 126, 131, 135, 137, 139, 142, *143*, 234f.
Waechter, Eberhard 62
Wagner, Daniela 260
Wagner, Richard 19f., 25f., 109, 131
Waldbrunn, Ernst 14, 244
Wallach, Eli 203
Warhol, Andy 121

Washington, George 127, 132
Watson, Claire 62
Webber, Andrew Lloyd 205
Weber, Michael 106f.
Weger, Michael 216
Weichselbraun, Mirjam 80, 84
Weigerstorfer, Ulla 194
Weininger, Andor 130
Welser-Möst, Franz 39, 204
Wengraf, Senta 82
Werau, Arthur 9
Werner, Emmy 250f.
Werner, Oskar 212
Wiener, Hugo 278
Wilder, Thornton 50
Williams, Michael 28
Willis, Bruce 251f.
Willisch, Willi 122, 123
Wirl, Erich 33
Witt, Josef 63
Wurst, Conchita 279
Zadek, Peter 205
Zemann, Götz 30
Zilk, Helmut 194, 208f., 263, 279
Zimmermann, Marta 15
Zuckermann, Ronny 266
Zuckerstätter, Heinz 193, 195, 204
Zweig, Stefan 204, 264

Bildnachweis

Alle Abbildungen stammen aus dem Privatarchiv des Autors mit Ausnahme der folgenden: Axel Zeininger/Wiener Staatsoper (29), Kurier vom 8.11.2012/ Quelle: Amalthea Archiv (35 oben), Amalthea Verlag/Rolando Villazón (37), Hemma Marlene Prainsack (48), Barbara Pálffy/Volksoper Wien (52, 147, 149, 159, 171, Bildteil S. 1, Bildteil S. 8), Karl Hohenlohe (71, 272), NLK Reinberger (103), Armin Bardel (140, 141, 143, Bildteil S. 5), Rolando Villazón (155), Gerhard Stubauer/Theatersommer Haag (215 unten, 241, 249, Bildteil S. 3, Bildteil S. 4 oben), Theatersommer Haag (237), Thomas Ramstorfer/First Look/picturedesk.com (Bildteil S. 2), Werner Kmetitsch (Bildteil S. 6), Barbara Pálffy (Bildteil S. 7).

Der Verlag hat alle Rechte abgeklärt. Konnten in einzelnen Fällen die Rechteinhaber der reproduzierten Bilder nicht ausfindig gemacht werden, bitten wir Sie, dem Verlag bestehende Ansprüche zu melden.

Wissenswertes aus dem Theaterleben, pointiert serviert

»Schon geht der nächste Schwan« nannte sich die erfolgreiche »Liebeserklärung an die Oper in Anekdoten«, die Christoph Wagner-Trenkwitz 2009 herausbrachte. Was kann da noch folgen? Die Antwort liegt auf der Hand: Hinter dem Schlachtruf »Schwan drüber!« (2012) verbergen sich »Neue Antiquitäten« aus Burg, Oper(-nball), Musikwelt und aus dem wirklichen Leben, die der Autor liebevoll zusammengetragen hat.

So erklärt er, was unter einer »Opernwurst« zu verstehen ist, weiß von einem »Markentanzabend« aus chinesischer Sicht zu berichten und lässt den Leser manch aufschlussreichen Blick hinter die Kulissen des Theaters und in das Leben der dort wirkenden Menschen tun. Er schildert u. a. das »Lernen vom Opernführer« (Prawy) sowie das »Leben mit einem Fürsten« (Hohenlohe) und klärt das Publikum auf, wann es klatschen muss. Eine reich sprudelnde Quelle köstlicher Geschichten aus der Welt des Musiktheaters.

Mit zahlreichen Abbildungen

Christoph Wagner-Trenkwitz

Schwan drüber!
Neue Antiquitäten aus der Oper und dem wirklichen Leben

248 Seiten
978-3-85002-810-3

Amalthea www.amalthea.at